FRÉDÉRIC CHOPIN

PARIS. — TYPOGRAPHIE DE E. PLON ET Cie, RUE GARANCIÈRE, 8.

FRÉDÉRIC CHOPIN

SA VIE ET SES OEUVRES

PAR

Mme A. AUDLEY

PARIS

E. PLON et Cie, IMPRIMEURS-ÉDITEURS

10, RUE GARANCIÈRE

—

1880

Tous droits réservés

FRÉDÉRIC CHOPIN

SA VIE ET SES OEUVRES

CHAPITRE PREMIER

Frédéric Chopin. — Sa famille. — Sa double nationalité. — Son éducation. — Son caractère aimable. — Ses maîtres. — Le prince Antoine Radziwill. — Voyage à Berlin. — Talent d'imitation et de caricature. — Zullichau, première ovation. — Posen. Encore le prince Radziwill.

Le souvenir de l'artiste aimé auquel nous consacrons ce livre est encore vivant dans la mémoire de tous les gens de goût, de tous les vrais amateurs de musique à qui il a été donné de l'entendre entre les années **1832** et **1848**. Tous se rappellent, et non sans émotion, ce pianiste dont la fougue presque sauvage, la grâce élégante, offraient un type d'une originalité exceptionnelle, d'un charme infini, qui plus tard faisait dire de lui avec raison : « Il n'eut ni prédécesseur ni successeur. »

Frédéric Chopin était doué à la fois d'un génie multiple et profond où tous les contrastes se rencontraient sans se heurter : spirituel et vif comme la France à laquelle il appartenait par son père; fougueux et passionné comme la Pologne qui le revendiquait par sa mère, il devait peut-être une partie du charme et de l'étrangeté de son talent au double caractère de sa double patrie. Toutefois, celle qui prévalut en lui et dont il garda l'ineffaçable empreinte, ce ne fut pas la France, mais la Pologne. Né le 1er mars 1809 à Zelazowa Wola, à quelques milles de Varsovie, il fut Polonais de sentiment et de génie, ce dont ses œuvres témoignent surabondamment.

Du reste, son père, Nicolas Chopin, né à Nancy en 1770, avait dès son enfance éprouvé pour la Pologne une sympathie due peut-être au souvenir du roi Stanislas Leczinski, qui avait régné sur ce duché de Lorraine, et que partageait toute la population. Aussi, quand en 1787 une dame polonaise, la starostine Laczinska, offrit à Nicolas de lui confier l'éducation de ses deux fils, accepta-t-il avec empressement. Depuis lors, s'identifiant chaque jour davantage avec son pays d'adoption, il ne le quitta plus, résigné à subir le contre-coup des malheurs qui l'accablèrent sans relâche à cette époque néfaste.

Successivement professeur de français au lycée fondé à Varsovie en 1810, par

Napoléon Ier, puis à l'École d'artillerie et
du génie, et en 1830 à l'Académie ecclé-
siastique catholique, il finit par créer un
pensionnat libre où les meilleures familles
ne tardèrent pas à placer leurs fils. Entre
temps, il avait épousé, en 1806, Jus-
tine Krzyzanowska, personne d'une piété
fervente, de vertus modestes et dont la
vie tout entière fut consacrée à sa famille.
Quatre enfants naquirent de cette union :
trois filles, toutes trois douées de qualités
aimables et dont l'esprit cultivé se tourna
plus tard vers la littérature, et un fils, qui
devint le maître éminent dont nous allons
essayer d'étudier la vie.

Intelligent et appliqué, cet enfant se
distingua de bonne heure dans ses études;
mais bientôt entraîné vers la musique par
un attrait irrésistible, il s'y donna tout
entier. Déjà dès sa tendre enfance, prome-

nant avec joie ses petits doigts sur le piano,
il préludait, inconscient, à ces merveil-
leuses improvisations qui devaient être
une des supériorités de son génie, et qui,
plus tard, groupaient et retenaient autour
de lui ses auditeurs attentifs et ravis. Son
père, mieux avisé que beaucoup de parents, en semblable circonstance, ne cher-
cha point à entraver sa vocation par une
opposition aveugle : il la lui facilita bien
plutôt en choisissant pour lui les meilleurs
maîtres que Varsovie pût lui fournir.

Du reste, les premières années de l'enfant ne présentent rien de saillant, et lui-
même en gardait si peu le souvenir, qu'il
ne fallut rien moins pour fixer dans sa mémoire la date de sa naissance, qu'une montre à lui donnée par la célèbre madame
Catalani en 1820, avec cette inscription :
« Madame Catalani à Frédéric Chopin, âgé

de dix ans. » Cela indique toutefois que l'enfant n'était déjà plus le premier venu pour la grande cantatrice. Et, en effet, il avait à peine neuf ans, que paré, bichonné par sa mère, il jouait dans un concert de bienfaisance, si enchanté de sa toilette, si pénétré de l'effet qu'elle devait produire, qu'il lui attribuait naïvement l'attention dont il se voyait l'objet.

Fritzchen (1) était heureux : son caractère doux et facile, que ni la sollicitude ni les tendres gâteries maternelles n'avaient pu rendre exigeant ou égoïste; sa gaieté naturelle, un certain talent d'imitation et de caricature qu'il porta même plus tard à un haut point de perfection, le faisaient aimer et rechercher de tous ses camarades. Élevé pieusement avec l'exemple

(1) Diminutif allemand de Frédéric.

des saines vertus domestiques, il contracta
tout jeune l'habitude des pratiques religieuses en honneur chez les siens, et garda
toute sa vie ces premières impressions de
la famille, en dépit des influences délé-
tères dont il fut plus tard entouré. Elles se
retrouvèrent à l'heure de la mort.

Une fois le choix du jeune garçon bien
décidé, son père lui donna pour maître un
disciple fervent de Bach, le professeur
Zywny, de nationalité bohême, et sous
sa direction l'enfant se mit à travailler
avec une application dont on cite un
exemple remarquable.

Frappé un jour par la résonnance d'un
accord de sus-dominante que ses petites
mains ne pouvaient exécuter, il imagina de
placer entre ses doigts un appareil de son
invention, destiné à les écarter, et il le garda
jour et nuit malgré la gêne qu'il en éprou-

vait. Chose curieuse, ces accords qui, joints à quelques autres innovations caractéristiques, soulevèrent d'abord de vives protestations, finirent par opérer une véritable révolution dans l'art du pianiste. Aussi Franz Liszt, bon juge en la matière, n'hésite pas à dire : « C'est à lui que nous devons cette extension des accords, soit plaqués, soit en arpéges, soit en batteries; ces sinuosités chromatiques et enharmoniques dont ses *Études* offrent de si frappants exemples; ces petits groupes de notes surajoutées, tombant par-dessus la figure mélodique, pour la diaprer comme une rosée, et dont on n'avait encore pris le modèle que dans les fioritures de l'ancienne grande école de chant italien (1). »

(1) Franz Liszt, *Frédéric Chopin* (*France musicale*, 9 février 1851).

Le concert auquel le petit Frédéric prit part à l'âge de neuf ans lui ouvrit tous les salons de Varsovie, parmi lesquels il faut citer celui de la belle et malheureuse princesse Lovicka, femme du grand-duc Constantin. L'enfant trouva même grâce devant ce prince, terreur de tous ceux qui l'approchaient; il fut souvent admis à l'honneur de lui jouer ses compositions juvéniles : polonaises, mazurkas, voire même une marche dont son auditeur redouté daigna accepter la dédicace, et qu'il écoutait en arpentant la chambre et en battant la mesure avec un sourire de satisfaction (1). Accueilli partout, le favori de toutes les dames, choyé, gâté par elles, notre petit garçon acquit ainsi le goût et

______

(1) Cette *Marche* fut publiée plus tard à Varsovie sans nom d'auteur.

l'habitude de la bonne société en même temps que le dégoût des gens vulgaires ; il les conserva l'un et l'autre toute sa vie.

A Zywny succéda Elsner, Silésien de nation et directeur du Conservatoire de musique à Varsovie. Chargé d'enseigner à Frédéric la science de l'harmonie, il se prit d'un vif intérêt pour son élève et ne tarda pas à porter sur lui un jugement des plus favorables. Comme on lui faisait remarquer que l'enfant obéissait plus à sa propre fantaisie qu'aux règles : « Laissez-le faire, répondit-il ; s'il s'écarte un peu du chemin battu et de l'ancienne méthode, c'est parce qu'il a la sienne à lui, et ses œuvres témoigneront un jour d'une originalité qui ne s'est encore rencontrée chez personne. »

En le confiant aux meilleurs maîtres de la ville, son père n'avait pourtant d'autre

ambition que d'en faire un habile professeur, sans aspirer à lui voir prendre rang
parmi les compositeurs renommés. Il fut
l'un et l'autre, grâce à une organisation
toute particulière et bien rare, qui lui faisait trouver presque autant de plaisir aux
leçons qu'il donnait à ses élèves, qu'aux
compositions qu'il devait à son génie. Du
reste, comme tous les artistes véritable-
ment doués, il ressentit passionnément,
dès sa plus tendre enfance, l'action puissante de la musique, dont les accords le
faisaient fondre en larmes. Longtemps
avant d'être en état de traduire ses pensées
en langage musical, il suppliait son maître
de les noter pour lui. Plus tard, il revit et
corrigea ces premiers essais de son inspiration, et l'on peut deviner avec quel
sourire de satisfaction étonnée.

Cet enfant, qui devait être un grand

musicien, aurait pu être aussi un grand acteur, grâce à sa présence d'esprit et au jeu merveilleux de sa physionomie. A quinze ans, il écrivit de moitié avec une de ses sœurs, qui en avait onze, une petite comédie pour fêter le jour de naissance de leur père, et tous deux, en compagnie des jeunes camarades d'étude de Frédéric, jouèrent leur œuvre avec beaucoup d'entrain et de succès. C'est vers le même temps qu'admis au lycée de Varsovie, il commença à se signaler comme caricaturiste, et même il fit si bien la charge du directeur, que chacun le reconnut au premier coup d'œil, et l'original s'y reconnut tout le premier. Il y avait là une circonstance aggravante, dont le jeune espiègle aurait pu se mal trouver : heureusement, le maître était homme d'esprit; il se contenta de rendre la feuille accusatrice à son auteur, après avoir écrit au bas : « Ceci est bien dessiné. »

A la campagne, où il passait ses vacances, Frédéric se demandait souvent, en écoutant les chants populaires, qui donc pouvait bien en être l'auteur ; qui avait appris à ces simples paysans à chanter si juste et à jouer si bien du violon. Bercé par ces douces mélodies, il les faisait siennes en les idéalisant. Plus tard, ce qui avait charmé sa jeunesse se mêla aux réminiscences de sa maturité, et se retrouve dans ses compositions.

En 1825, l'empereur Alexandre Ier passant par Varsovie, on voulut lui faire entendre un instrument nouvellement inventé, qu'on appelait *œlomelodicon*. Chopin fut chargé de ce soin : il était déjà considéré comme le meilleur pianiste de Varsovie. On plaça l'instrument dans l'église évangélique, dont la coupole devait favoriser le son. L'empereur fut enchanté du talent du jeune exécutant, et lui fit présent d'une bague de diamants. Son premier *Rondo* imprimé date de cette année.

Il avait dix-sept ans quand il sortit pour la première fois de Pologne, pour accompagner sa mère et ses sœurs aux eaux alors très-fréquentées de Reinerz en Silésie. Là, il joua dans un concert de bienfaisance donné en faveur de deux jeunes orphelines, et fut fort applaudi. C'était bien débuter à l'étranger.

A son retour, il fut présenté au prince Antoine Radziwill, savant harmoniste, compositeur de la musique du *Faust* de Gœthe, qui par ses goûts, par ses aptitudes et par ses richesses, était en tous points digne de figurer au nombre des protecteurs de l'art, à côté de ces grands seigneurs bohêmes, autrichiens et hongrois dont la chapelle renfermait les premiers artistes de leur temps. Doué d'une très-jolie voix de ténor et d'un agréable talent sur le violoncelle, le prince Antoine avait fait de sa résidence de Posen un véritable rendez-vous artistique où tout musicien de quelque valeur était admis à son passage par cette ville. Chaque semaine on exécutait dans ses salons des quatuors d'Haydn, de Mozart, de Beethoven, dans lesquels il faisait lui-même sa partie avec distinction. Ce prince se chargea-t-il des frais de l'éducation du jeune Frédéric, comme le dit Franz Liszt, ou bien le célèbre virtuose, mal renseigné par un émigré polonais, Grzymala, commet-il une erreur? Les parents et les amis de Chopin, et tout particulièrement

M. Karasowski, son biographe, l'affirment
avec beaucoup de vivacité. Au fond, ce
débat importe peu. Que le jeune Frédéric
ait dû son instruction à la munificence
de ce prince ou à la sollicitude de son père,
il avait reçu en naissant un don que ni
l'argent ni les hommes n'auraient pu lui
conférer, et de celui-là, point n'est besoin
d'en rechercher l'auteur. Seulement, en
présence de ces contradictions (et celle-ci
ne sera pas la seule que nous rencontre-
rons sur notre route), on se demande avec
quelque tristesse ce que devient l'histoire,
si un contemporain, un compatriote, un
ami même, peut la fausser à ce point.
Ajoutons d'ailleurs, pour être juste, que
si le prince n'a pas fait tout ce qu'on lui a
attribué, du moins paraît-il s'être toujours
montré pour le jeune artiste un ami bienveillant, prêt à lui rendre service en toute

circonstance. Chopin lui dédia plus tard son *Trio* pour piano, violon et violoncelle (op. 8), composé entre 1827 et 1829.

Cependant la jeunesse arrivait, et avec elle des aspirations plus vastes dans le domaine de l'art, et le besoin d'un horizon moins borné que celui de Varsovie. Heureusement, vers ce temps-là, en 1828, un ami du père de Frédéric, le professeur Jarocki, reçut d'Alexandre de Humboldt l'invitation d'assister à Berlin au Congrès des naturalistes. C'était une occasion excellente de donner quelque satisfaction aux désirs bien naturels du jeune homme ; son père la saisit avec empressement. Il partit donc, avide d'apprendre, de voir, d'entendre, mais non de se produire lui-même, encore inconscient de sa propre valeur.

Spontini, le compositeur tout-puissant ; Zelter, le directeur de l'Académie de chant, l'ami de Gœthe, et le très-jeune Mendelssohn, remplissaient alors Berlin de leur personnalité; Chopin ne se fit même pas présenter à eux. Par exemple, il·fut moins timide envers certains de MM. les savants, avec lesquels il dînait presque tous les jours, grâce au patronage de Jarocki, et cédant à la pente de son esprit caustique, et retombant dans son péché mignon, il en agit sans façon avec les mines hétéroclites de ces graves personnages. « Hier, grand banquet des savants, écrit-il à sa famille; plusieurs d'entre eux me font l'effet de vraies caricatures : je les ai déjà classés... » Et ailleurs : « Le nombre des caricatures augmente. » Nous l'avons dit plus haut, ce goût et cette faculté d'imitation, de reproduction grotesque, ne firent que se développer chez lui; il y excella, témoin l'anecdote suivante que rapporte M. Karasowski et dont Moschelès parle aussi dans ses lettres.

Il était déjà depuis quelques années à Paris, quand un de ses compatriotes, nouveau venu, le pria de lui faire connaître Kalkbrenner, Liszt et Pixis. — « Attends un peu, dit-il, je vais te les montrer chacun séparément. » — Là-dessus, s'asseyant au piano, il imite le maintien, le jeu, les gestes de Liszt, au point de s'y méprendre. Ce fut ensuite le tour de Pixis, qu'il réussit aussi bien. Le lendemain, étant au théâtre, avec ce même ami, il quitta un instant la loge, Pixis y entra. L'ami, croyant à une mystification, lui frappa familièrement sur l'épaule en riant, et dit : « Maintenant, c'est assez, n'imite plus ! » Pixis, car c'était réellement lui, ne savait que penser, quand Chopin revint et lui expliqua l'énigme : ils en rirent beaucoup tous les trois.

Mais revenons à Berlin, où il ne faut pas s'imaginer qu'il ne fit que des caricatures. Dans cette même lettre où les pauvres savants sont si malmenés, on voit, d'autre part, qu'il met à profit ce premier pas hors de la frontière. Il regarde, il écoute, il observe et note avec soin ce qu'il voit et ce qu'il entend, mêlant parfois à ces remarques une nuance d'ironie provoquée par le sujet.

D'abord, c'est M. de Humboldt qui attire son attention, « ... bien qu'on ne puisse dire qu'il ait de beaux traits ; mais son front proéminent et développé, ses yeux profonds et pénétrants, indiquent le puissant esprit de ce savant, aussi humain qu'universel ». De plus, il parle le français comme sa langue maternelle, ce que

Frédéric signale à son père, jugeant sans doute ce détail de nature à lui être agréable. Puis les naturalistes ont leur tour.

« Après-demain commencent les séances. M. Lichtenstein (l'organisateur du congrès) m'a promis une carte d'entrée. Le soir, Alexandre de Humboldt reçoit chez lui. Le professeur Jarocki voulait me faire inviter, mais je l'ai remercié, car je ne tirerais pas grand profit pour mon esprit de la réunion, étant trop peu savant pour cela. Puis ces messieurs pourraient fort bien me considérer comme un intrus et se demander « comment Saül « se trouve parmi les prophètes..... » Déjà à table, il m'a semblé que mon voisin, le professeur Lehmann de Hambourg, botaniste renommé, me regardait un peu de travers. Moi, je considérais avec étonnement sa très-petite main, qui cassait avec grande facilité un gros morceau de pain, tandis que pour la même besogne j'aurais dû employer mes deux mains et un bon couteau. Il s'est penché sur la table pour causer avec le professeur Jarocki, et, dans la chaleur de la conversation, il s'oublia si bien qu'il prit mon assiette pour la sienne et se mit à tambouriner dessus. Un vrai savant, n'est-ce pas? auquel il ne manque rien, pas même le gros nez difforme. J'étais sur des épines pendant ce tambourinage, et quand il eut fini, je n'eus rien de plus pressé que d'essuyer avec ma serviette la trace de ses doigts.....

« Aujourd'hui je dîne seul. Je me suis excusé auprès du professeur Jarocki, qui comprend fort bien que moi, musicien, je trouve plus intéressant d'aller entendre le *Fernand Cortez* de Spontini, que d'assister à un interminable dîner de naturalistes.....»

Et un peu plus loin il ajoute :

« J'aurais bien préféré passer ma matinée chez Schlesinger, plutôt que de m'ennuyer au Musée géologique. Tu ne m'accuseras pas pour cela de partialité, cher père, puisque je suis venu ici principalement pour mon instruction musicale, et la bibliothèque de Schlesinger contient les ouvrages les plus intéressants de tous les temps et de tous les pays.....

« ... Toutefois, je me console en pensant que j'irai chez Schlesinger, et qu'après tout, il est bon pour un jeune homme de voir beaucoup, car il lui en reste toujours quelque chose..... »

Et la lettre se termine par une pointe d'ironie à l'endroit des dames berlinoises, où l'on voit que la grâce de ses compatriotes l'a déjà gâté et rendu fort difficile.

« Marylski n'a pas l'ombre du goût quand

il soutient que les Berlinoises s'habillent bien; elles s'habillent beaucoup, il est vrai, mais c'est dommage pour les belles étoffes gaspillées par de telles poupées. »

Bien s'habiller! ce goût, que nous voyons se manifester chez Chopin dès l'âge de dix-sept ans, ne fit que grandir et se raffiner plus tard. Une personne qui l'a connu à Paris, vers 1845, nous disait dernièrement qu'il avait le coup d'œil si exercé en ce qui touchait à l'élégance, à la perfection de la toilette des femmes; il y attachait tant de prix, qu'il savait distinguer d'un seul regard si la robe sortait des ateliers de la première faiseuse ou si elle avait été confectionnée par des mains moins habiles. Il avait pour un costume bien fait et bien porté des admirations sans fin. C'est ainsi qu'un jour, madame Delphine Girardin, qu'il aimait beaucoup, arrivant chez lui la manche de son pardessus un peu éclaboussée de boue, Chopin se hâta de l'effacer avec toute sorte de câlineries et de précautions féminines qui faisaient dire au témoin de cette petite scène : « Comme il doit aimer cette femme et... sa toilette ! »

Ce séjour dans la première grande ville qu'il visitait lui offre, malgré les savants et leurs manières peu raffinées, d'incontestables jouissances. Le théâtre, il semblait que ce fût un fait exprès, jouait chaque jour une nouveauté.

« J'ai entendu à l'Académie de chant un oratorio; à l'Opéra, *Fernand Cortez*, le *Matrimonio secreto* et le *Colporteur de Onslow*, tout cela avec le plus grand plaisir. Pourtant je dois reconnaître que la musique de Hændel surpasse tout : elle touche à l'idéal du sublime que je garde au fond de mon cœur..... »

Son ignorance de voyageur novice faillit toutefois lui jouer un mauvais tour, qu'il raconte naïvement.

A l'Académie de musique, il remarque qu'une belle dame, la princesse de Liegnitz, parle avec un personnage dont il ne peut voir la figure, mais qui lui paraît porter une sorte de livrée. « Je demandai à mon voisin si cet homme était un valet de chambre du roi. — « Ouais, fit-il, c'est « S. Exc. M. de Humboldt. » Je puis vous assurer que j'ai été bien aise d'avoir fait cette question tout bas. Ces costumes de chambellan changent même le visage, sans quoi j'aurais certainement reconnu le grand voyageur qui a escaladé le Chimboraço.....

« Demain on joue *Freyschutz*; c'est l'accomplissement de mon désir le plus ardent. Je pourrai donc comparer les chanteurs d'ici avec les nôtres. »

Enfin, le 27 septembre, il écrit :

« Je me porte bien, et j'ai vu tout ce qu'il y avait à voir ; bientôt je serai parmi vous. Nous partirons demain de bonne heure. Nous nous arrêterons deux jours à Posen, sur l'invitation de l'archevêque Wolicki. Que de choses j'aurai à vous dire, mes chers parents, et que je serai heureux de me retrouver avec vous ! »

Frédéric quittait Berlin après y avoir séjourné quinze jours, sans que cette ville eût été pour lui le théâtre d'aucun épisode artistique ; mais ce que la capitale n'avait pu faire, un simple relais de poste le lui ménageait.

En arrivant avec le professeur Jarocki dans la petite ville de Zullichau, les chevaux manquaient, il fallut s'arrêter et attendre. Que faire en pareille occurrence?

Heureusement la maison de poste servait en même temps d'auberge : le professeur s'attable et se fait servir à manger; le jeune musicien, lui, rôde en quête de l'inconnu. Tout à coup, dans une salle voisine, il découvre un piano! L'ouvrir, s'assurer qu'il est d'accord, s'y asseoir et improviser, c'est tout un. Un étranger, attiré par son jeu, vient se placer silencieusement derrière sa chaise. « Nous allons bien voir, dit Chopin en polonais à son compagnon, si mon auditeur est connaisseur ou non. » Puis il commence une fantaisie sur des mélodies polonaises (op. 13). L'auditeur, un Allemand pur sang, semble pétrifié : il écoute avec toute son âme cette musique si nouvelle pour lui; il suit d'un œil attentif chaque mouvement des doigts, et dans son ravissement, sa meilleure amie, sa pipe, échappe de ses lèvres sans qu'il s'en aperçoive. Doucement, à petit bruit, arrivent l'un après l'autre tous les commensaux de la maison, le maître de poste lui-même, suivi de sa femme et de ses deux filles. Ils s'arrêtent, la tête penchée en avant, l'oreille tendue, plongés dans l'extase. Mais le jeune musicien ne songe plus à son auditoire.

Tout entier à la muse qui l'inspire, il en suit les caprices et semble reproduire en se jouant la ronde des esprits follets dansant au clair de la lune. Soudain une voix de stentor retentit à la fenêtre : « Les chevaux sont attelés; messieurs, en voiture! — Maudit trouble-fête! » s'écrie le maître de poste, tandis que les trois dames jettent des regards furieux au postillon. Chopin se lève d'un bond, mais on l'entoure, on le supplie : « Continuez, de grâce, continuez, finissez au moins ce délicieux morceau ! » Lui, consultant sa montre, dit : « Nous sommes ici depuis bien longtemps, nous devrions déjà être près de Posen. — Restez encore, jouez, bien cher monsieur, crie le maître de poste ; je vous donnerai des chevaux extra s'il le faut. — Laissez-vous toucher », reprend sa femme, les bras tendus pour l'implorer. Comment résister ? Bientôt la servante paraît chargée de verres et de bouteilles, et le maître de poste boit à la santé du cher Polyhymnios, comme il l'appelle, et tout le monde l'imite. Cependant l'un des assistants s'approche, et d'une voix tremblante d'émotion, il dit : « Monsieur, je suis un vieux musicien foncièrement versé dans mon art ; moi aussi je joue du piano, c'est pourquoi je suis en état d'apprécier

votre grand talent. Si Mozart vous avai
entendu, il vous aurait serré la main et
crié bravo! Moi, obscur individu, je n'ose
me le permettre... » Pendant ce temps,
les dames reconnaissantes bourraient la
voiture de friandises et de vins fins, et le
maître de poste, transporté, déclarait que
c'était le plus beau jour de sa vie, qu'il
n'oublierait jamais Frédéric Chopin! Et
comme l'artiste s'apprêtait à partir, il le
prit dans ses bras et, bon gré, mal gré, le
porta en voiture. L'Allemagne seule, nous
le disons à sa louange, est capable de cette
mélomanie enthousiaste.

Tel fut le premier triomphe spontané,
la première joie artistique de Frédéric.
Qui sait si elle ne fut pas la plus vraie,
même après toutes celles qu'il connut depuis? Ce qui est jeune a tant de charme!
En tous cas, cette petite ville de Zulli-

chau, et cette humble maison de poste, méritaient bien, n'est-il pas vrai? un souvenir de sa part, une mention honorable de la nôtre!

A Posen, les deux voyageurs allèrent faire visite à l'archevêque, comme ils y étaient invités, puis au prince Antoine Radziwill, qui les reçut tous deux parfaitement. Une partie de la journée se passa à faire de la musique, et les improvisations du jeune pianiste excitèrent le plus grand enthousiasme.

Enfin, le 6 octobre, on aperçut de loin les tours de Varsovie, et bientôt des cris de joie accueillaient Frédéric dans la maison paternelle.

CHAPITRE II

L'année suivante, ce fut autre chose. Son père, estimant que le temps était venu pour lui de se faire entendre en public, résolut de l'envoyer à Vienne. Il ne s'agissait donc plus d'une excursion de plaisir, mais d'un voyage professionnel. Or, avec la modestie dont il ne se départit jamais, Frédéric se demandait, anxieux, comment il oserait jouer dans une ville dont Haydn, Mozart et Beethoven avaient formé le goût. Il fallut pourtant bien se résigner à tenter l'aventure, et le 31 juillet 1829, notre jeune Polonais arrivait dans la capitale de l'Autriche, escorté de quelques amis.

Vienne n'avait pas cessé d'être le centre artistique de l'Allemagne du Sud, et Chopin, malgré la saison avancée, y retrouva encore un groupe d'artistes distingués, dont plusieurs avaient été, sinon les amis, au moins les familiers de Beethoven.

A peine est-il mis en relation avec certains membres du monde des éditeurs et des musiciens, qu'il se voit accueilli par tous avec le plus aimable empressement; toutefois, malgré son inexpérience, il ne s'y laissa pas trop prendre. « Haslinger — le principal éditeur de Vienne — ne sait. que faire pour me bien recevoir. Il ordonne

à son fils de jouer devant moi; il me montre
toutes les nouveautés musicales de son
magasin... Mais malgré ces gentillesses,
il n'a pas encore fait imprimer mes compositions. » — Ces compositions étaient
des variations sur *La ci darem la mano*
(op. 2), et une sonate (op. 4). —
« Les artistes et les amateurs d'ici, continue le jeune homme, soutiennent que
Vienne perdra beaucoup si je pars sans
donner un concert. Je n'y comprends pas
grand'chose.

« Schuppanzigh, pour lequel j'ai une lettre de recommandation, m'a annoncé que,
bien que ses soirées de quatuors soient
terminées, il fera cependant tout son possible pour en donner encore une pendant
mon séjour ici. »

Invité à dîner chez un M. Hussarzewski,
qui est enthousiasmé de son jeu, il y ren-

contre beaucoup de membres de la société viennoise, qui tous le pressent de se faire entendre en public. Les meilleurs facteurs de pianos, Stein, Graff, offrent de lui envoyer un instrument pour son concert. « Tous ceux dont j'ai fait la connaissance m'assurent que les journaux seront très-flatteurs pour moi... »

Un professeur de musique, qu'il a connu à Varsovie et qu'il retrouve maître de chapelle au Karnthnerthor theater à Vienne, le présente aux sommités artistiques, au comte Gallenberg, directeur du théâtre, au maître de chapelle Seyfried, et jure qu'il ne le laissera pas partir avant qu'il ait donné un concert. « Le comte Gallenberg s'en réjouit beaucoup, car il aura lieu sur son théâtre, et cela va d'autant mieux, ajoute Frédéric avec une nuance d'ironie, qu'il ne s'agit pas ici pour moi d'honoraires, mais de lauriers. » Deux ans plus tard, il devait reconnaître à Vienne même la justesse de cette observation.

Il cède enfin, non sans beaucoup d'hésitation. « Je me suis décidé; Blahetka, un journaliste d'ici, prétend que je ferai *furore*, que je suis, — ce sont ses expressions, — un artiste de premier rang, que ma place est marquée à côté de Moscheles, de Herz, de Kalkbrenner... Tous les journalistes me regardent avec de grands yeux; les membres de l'orchestre me saluent humblement quand je passe bras dessus bras dessous avec le directeur de l'Opéra italien..... J'espère en la haute puissance de Dieu; soyez sans crainte, mes bien-aimés. »

Et il avait vingt ans, lorsqu'il se voyait l'objet de l'attention de tous, et il écrivait

ces lignes si calmes, si modestes, s'en re-
mettant à la toute-puissance divine!

Le 11 août, son concert a lieu, composé
comme suit : *Ouverture*, par Beethoven;
— mes *Variations*; — *Chant*; — ma *Krakoviak*; et pour terminer, un petit *Ballet*.
On voit qu'après tout, il avait fallu bien
peu de temps pour organiser cette soirée;
mais le temps ne fait rien à l'affaire. Il
fut couvert d'applaudissements. « A mon
arrivée sur la scène, je fus accueilli par
des bravos, et après chaque variation le
public les répétait avec tant d'emporte-
ment, que je ne pouvais même pas entendre les *tutti* de l'orchestre. Rappelé à
l'unanimité en quittant l'instrument, je
dus revenir deux fois pour saluer. » Les
improvisations ne contribuèrent pas peu
à ce grand succès, car, dit-il encore,
« les Allemands savent les apprécier... » Il

avait choisi un thème de la *Dame blanche*, et un air populaire polonais, *Chmiel*, dont le mouvement de mazurka électrisa ses auditeurs, presque jusqu'à les faire danser sur les banquettes.

Après une réussite si complète et si inattendue, tous les artistes encore présents à Vienne, malgré le mois d'août, voulurent faire sa connaissance : Gyrowetz, Lachner, Kreutzer, Czerny, dont Chopin écrivait en quittant Vienne : « J'ai pris congé de Schuppanzigh et de Czerny ; celui-ci a été plus chaud que toutes ses compositions. » Haslinger lui-même subit l'entraînement général, et Chopin écrit : « Haslinger imprime mes œuvres. » Pourtant on signalait une ombre sur ce ciel brillant : on se plaignait généralement que son jeu était un peu pâle. « Il n'y a presque qu'une voix pour déclarer que mon jeu est trop faible, ou plutôt trop doux pour le public viennois, habitué aux grands coups de timbale des pianistes de céans. Je crains bien que les journalistes ne me fassent le même reproche, d'autant mieux que la fille de l'un d'eux tambourine impitoyablement sur son piano. »

Ce reproche des Viennois, Paris, la ville du bon goût et des demi-tons, le lui adressera à son tour. Chopin ne fut jamais le virtuose des grandes assemblées : son jeu était trop délicat, trop raffiné pour parler aux masses ; mais il fut le favori des salons, l'artiste des esprits cultivés, et nul mieux que lui ne s'entendit à faire battre les cœurs et couler des larmes d'une exquise suavité !

A Vienne, la noblesse formée aux leçons des plus grands maîtres sut bien, elle, apprécier son talent : les Schwarzenberg,

les Wrbna, les Dietrichstein admirèrent
l'élégance de son jeu; et le prince Lichnowski, cet ami si constant de Beethoven,
l'accueillit avec enthousiasme. « Il ne savait que dire à ma louange, tant il était
ravi de mon jeu... La comtesse Lichnowska
et sa fille, avec lesquelles j'ai pris le thé
aujourd'hui, se réjouissent d'apprendre
que je donnerai mardi un second concert.
Elles me promettent une lettre d'introduction pour une certaine comtesse, sœur du
comte Lichnowski, quand j'irai à Paris.
Trop, beaucoup trop d'amabilité! »

Ce second concert eut lieu devant une
réunion encore plus nombreuse. « Si le
public m'a bien accueilli à ma première
séance, il m'a encore mieux reçu à celle-ci.
Quand j'ai paru sur la scène, j'ai été
salué par trois salves de bravos... L'admi-
nistrateur financier du théâtre, le baron...

j'oublie son nom, m'a remercié de la re-
cette... Avec mon *Rondo*, je me suis acquis
tous les musiciens de profession, depuis
le maître de chapelle Lachner, jusqu'à
l'accordeur de pianos. Les dames et les
musiciens sont pour moi ; les savants et les
natures poétiques aussi ; le gros public
allemand ne paraît pas entièrement satisfait ; mais il n'est pas encore né, celui qui
fait tout bien (1).

« Comme je quitte Vienne demain, je
dois employer toute la matinée à faire des
visites d'adieu. Hier Schuppanzigh m'a dit
que puisque je partais si vite, il me fallait
revenir bientôt. Je lui répondis que je ne
demandais pas mieux, pour me perfectionner. Sur quoi M. le baron m'assura que
je n'avais plus rien à apprendre... Cette

(1) Proverbe polonais.

opinion a été émise par d'autres. Sans
doute, ce ne sont là que des compliments,
mais on les entend volontiers. Personne
ici ne me considère plus comme un élève.
Blahetka prétend qu'on s'étonne seulement
que j'aie pu apprendre à Varsovie tout
ce que je sais. J'ai répondu qu'avec
MM. Zywny et Elsner, le plus grand âne
apprendrait quelque chose..... »

Tout était pour le mieux, et cependant
tout n'avait pas été sans peine. Une curieuse lettre, écrite par Frédéric à un ami,
après son retour à Varsovie, nous apprend
ses hésitations, ses craintes, et aussi ses
difficultés : il redoutait ce public; il n'é-
tait pas préparé, etc. Quand enfin il se
décida, il trouva les musiciens de l'orchestre mal disposés, mécontents surtout
qu'il voulût faire entendre des compositions nouvelles, et à la répétition les visages

étaient si longs, qu'il eut envie de se déclarer malade pour le soir... Probablement
ce sont là des épreuves fréquentes dans la
vie des artistes, mais ils ne les ressentent
pas moins.

Le 19 août, Frédéric Chopin quittait
Vienne, non plus comme un élève, mais
comme un maître. Le 21, il arrivait à
Prague; il y passait trois jours, pendant
lesquels il remettait les lettres de recommandation dont on l'avait chargé à Vienne,
visitait la ville, écrivait dans le registre
du Musée la musique de quatre strophes
de mazurkas sur des paroles improvisées
par un de ses compagnons de voyage, et
faisait chez Pixis la connaissance d'un
professeur de piano fort apprécié à Dresde,
Klengel. A ce propos, il écrivait de cette
ville à ses parents, le 26 août 1829 :

« ... Je dois aux lettres de Blahetka et

de Würfel l'aimable réception de Pixis. Il
a remis ses leçons pour me garder plus
longtemps. Je remarquai sur sa table la
carte de visite de Klengel, et je lui demandai
si c'était un parent du célèbre Klengel de
Dresde. « C'est lui-même, me dit-il ; il est
« à Prague en ce moment. » La perspective
de voir cet artiste, pour lequel, du reste,
j'avais une lettre d'introduction, me réjouit beaucoup. Je le témoignai à Pixis,
qui m'engagea à revenir dans l'après-midi,
parce qu'il l'attendait alors. Le hasard
voulut que nous nous rencontrions sur l'escalier, en nous rendant chez Pixis, et là
nous fîmes une première connaissance. Je
l'ai entendu jouer ses *Fugues* pendant plus
de deux heures ; quant à moi, je n'ai pas
joué, parce qu'on ne me l'a pas demandé.

« Le eu de Klengel me plaît ; pourtant
j'avoue que j'attendais mieux (seulement

3.

gardez mes remarques pour vous, je vous prie). Il m'a donné une lettre d'introduction adressée « *al ornatissimo signore ca-* « *valiere Morlacchi, primo maestro della* « *capella reale.....* » Plus bas, il ajoute : « Je suis enchanté d'avoir fait sa connaissance; j'y attache plus de prix qu'à celle de M. Czerny; mais de cela non plus, ne dites rien, mes bien chers... »

Le jeune homme était prudent, comme on voit.

En route pour Dresde, il s'arrête à Tœplitz, où il est présenté chez la princesse Clary, née comtesse Choteck, pianiste elle-même de beaucoup de talent.

« Le soir, nous trouvâmes chez la princesse une société peu nombreuse, mais très-choisie... Après le thé, la mère de la princesse, la comtesse Choteck, me demanda de jouer quelque chose. Le piano de Graff était bon. Je m'assis et priai qu'on voulût bien me donner un thème sur lequel je pusse improviser. Immédiatement j'entends les dames chuchoter entre elles en répétant : « Un thème, un thème ! » Trois jeunes et jolies princesses tinrent conseil, et l'une d'elles enfin s'adressant au gouverneur du fils unique du prince Clary, — un M. Fritsche, qui plus tard, de 1836 à 1848, devait faire représenter à Vienne, à Prague, à Brünn et à Dresde de petites comédies fort goûtées, — celui-ci m'indiqua, à l'approbation générale, un thème du *Moïse* de Rossini. Il paraît que mon improvisation réussit, car, quand j'eus fini, un de mes auditeurs, le général Leiser, après s'être entretenu longtemps avec moi, me donna une lettre d'introduction pour le baron de Friesen...

« J'ai dû me mettre quatre fois au piano.

Le prince et la princesse insistaient pour me faire prolonger mon séjour à Tœplitz, et m'avoir le lendemain à dîner... Je remerciai très-poliment et pris congé... »

La recommandation du général porta ses fruits : M. le baron de Friesen, maître des cérémonies de S. M. le roi de Saxe, accueillit fort bien le jeune artiste, et pro-mit de faire tout son possible pour lui être agréable. « Là-dessus, écrit Frédéric, bien des remercîments et beaucoup de profonds saluts de ma part... »

Lors de ce séjour à Dresde, il assiste à la première représentation du *Faust*, de Gœthe, arrangé pour la scène par Louis Tieck, avec la musique de Spohr dans les entr'actes. Charles Devrient remplissait le rôle de Faust (1).

____

(1) Charles Devrient était le neveu de Louis Devrient,

Il ne faut pas s'étonner si une pareille combinaison de talents attirait la foule ; aussi Frédéric se plaint-il d'avoir été obligé de faire queue dès avant cinq heures pour obtenir un billet.

Il termine sa lettre en disant :

« Maintenant je vais dormir. Demain matin j'attends Morlacchi pour aller avec lui chez mademoiselle Pechnell. Cela veut dire que je ne vais pas chez lui, mais qu'il vient chez moi.

« Oui, oui, oui.

« Bonne nuit. »

Une fois rentré à Varsovie, l'influence de ce voyage se fait sentir sur Frédéric. Il revient non pas ébloui, non pas enflé, mais plus convaincu de son talent, plus sûr de

qu'on appelait « le Grand », et l'aîné de trois frères, tous célèbres dans les fastes du théâtre allemand.

lui-même, « de quatre ans plus avancé, plus expérimenté ». Toujours gai, mais non plus seulement de cette gaieté juvénile qui, à Berlin, se traduisait par des caricatures; toujours modeste, mais trouvant pourtant le courage de différer d'opinion avec les musiciens *arrivés* et d'oser le dire. Quant à sa santé... ici il nous faut ouvrir une parenthèse, car il se présente encore une difficulté, une contradiction, comme dans le cas du prince Antoine.

M. Karasowski prend de nouveau Franz Liszt à partie; il lui reproche de dépeindre Chopin comme un être maladif, pareil à « ces créatures idéales que la poésie du moyen âge faisait servir à l'ornement des temples chrétiens... » et il se fâche tout rouge contre ce passage, ou plutôt cette citation qu'il donne tout entière, ne paraissant pas s'apercevoir qu'elle n'est point de Liszt, mais bien d'un auteur sur lequel nous reviendrons. Pour nous, nous acceptons la chose comme jugée. A cette époque donc, la santé de Chopin était bonne, et si, dix ans plus tard, des symptômes fâcheux se manifestèrent, il faut les attribuer à la pression des fatigues et des émotions de la vie de Paris. Que sa mère et ses sœurs l'aient beaucoup dorloté et qu'il se soit laissé faire; qu'elles aient craint pour lui le chaud et le froid, l'excès du travail ou de la dissipation, cela peut être et même probablement cela fut : on sait les câlineries dont un fils unique est l'objet; mais cela ne prouve naturellement rien contre son organisation physique : nous devons en croire là-dessus M. Karasowski, trop convaincu pour que son opinion soit mise en doute.

Du reste, il n'avait jamais été moins

question de maladie que dans cette année
1829. La jeunesse s'épanouissait, chaste
et pure, telle que le foyer béni de la
famille peut seul la voir grandir et se
développer. Frédéric avait vingt ans; il
écrivait à un de ses amis : « J'ai, peut-
être pour mon malheur, trouvé mon
idéal; je le vénère de toute mon âme. Il y
a déjà six mois que j'en rêve chaque nuit,
et je ne lui ai pas encore adressé la
parole. C'est en pensant à cette pure
créature que j'ai composé l'adagio de
mon *Concerto en mi mineur* (op. 11), aussi
bien que la valse écrite ce matin même et
que je t'envoie... Oh! qu'il est triste de
n'avoir personne avec qui partager ses
douleurs et ses joies! Quelle amertume,
quand le cœur est oppressé, de ne
pouvoir s'épancher dans un autre cœur!
Tu sais déjà ce que je veux dire... Maintes

fois je confie à mon piano ce que je voudrais te confier à toi... »

Certes un idéal est douce chose à vingt ans ; heureux le jeune homme capable de s'en contenter, *d'y rêver six mois, sans même lui avoir adressé la parole!* Celui-là, artiste ou poëte, sera sûr d'atteindre les hautes sphères de l'art, et d'y entraîner à sa suite les âmes d'élite. Malheureusement, il n'est donné à aucun de nous de planer longtemps dans l'azur éthéré des doux rêves ; la réalité s'impose, et la jeunesse elle-même ne peut se soustraire à ses dures lois. Frédéric l'éprouva, et tout en se débattant contre elle, il dut la subir. La grande question du moment, c'était de savoir ce qu'il fallait faire pour compléter son instruction musicale. La famille tenait conseil, les amis donnaient leur avis ; bref, après mûre et longue délibération, on décida d'un commun accord qu'il devait voyager pendant deux ans au moins ; visiter l'Italie, puis Paris.

Cette détermination paraît d'abord convenir au jeune homme. Après tout, son idéal, entrevu, rêvé, le laisse pourtant bien seul : ses amis sont absents ; et il écrit toujours dans la même lettre : « Tu ne saurais te figurer comme Varsovie m'est triste ; si je n'avais pas ma famille, où je me trouve heureux, je ne pourrais vivre ici. »

Cependant, avant d'avoir donné pour but à son voyage l'Italie, son père avait penché pour Berlin, où le prince Radziwill lui offrait l'hospitalité dans son palais. Mais Chopin ne paraît point y incliner. « Je ne vois sortir de là aucun intérêt réel, c'est-à-dire artistique, et je pense au proverbe : « Il ne fait pas bon manger des

« cerises avec les grands. » Mon bon père,
lui, ne veut pas croire que dans cette invitation il n'y ait que des belles paroles... »

Malgré sa défiance, il ne se décide pas
moins à aller chez le prince, à son château
d'Antonin, et il en revient enchanté. Le
14 novembre 1829, il écrit de nouveau à
son ami :

« J'ai reçu ta dernière lettre à Antonin.
J'y suis resté une semaine. Tu ne saurais
croire comme elle a passé vite et agréablement; s'il n'avait tenu qu'à moi, j'y serais
resté jusqu'à ce qu'on m'en eût chassé;
mais mes affaires , et avant tout mon concerto qui attend impatiemment son *finale,*
m'ont forcé à prendre congé de ce
paradis.

« Il y avait là, mon cher Titus, deux
Eva, les jeunes princesses, charmantes et
admirablement douées pour la musique.

La princesse mère aussi, qui sait très-bien que le rang ne fait pas à lui seul le mérite, est si aimable avec tout le monde, qu'il est impossible de ne point la vénérer.

« Tu sais combien le prince aime la musique : il m'a montré son *Faust;* j'y ai trouvé beaucoup de choses vraiment belles, et même, sous un certain point, supérieures. Entre nous, je n'aurais pas attendu une semblable musique d'un homme d'État...

« Pendant mon séjour chez le prince, j'ai écrit *Alla polacca* avec violoncelle; ce n'est qu'un brillant morceau de salon pour les dames.

« Je voudrais bien que la princesse Wanda l'étudie. Il est entendu que je passerai pour lui avoir donné des leçons. Elle a dix-sept ans, elle est jolie, et en vérité il serait délicieux de pouvoir placer ses doigts effilés sur le clavier... Plaisanterie à part, elle possède le vrai sentiment musical, et l'on n'a pas besoin de lui indiquer quand elle doit jouer crescendo, piano ou pianissimo.

« Je n'ai pu refuser de faire venir ma *Polonaise* (*fa mineur*) qui intéresse beaucoup la princesse; je te prie donc de me l'envoyer par le retour du courrier : je ne voudrais pas avoir l'air impoli, et je n'aimerais pas la récrire de souvenir, ce qui m'exposerait à y introduire bien des changements. Tu peux te faire une idée du caractère de la princesse, en sachant qu'elle me fait jouer tous les jours cette polonaise; le *Trio en la bémol majeur* lui plaît aussi tout particulièrement. »

Comment s'étonner, après tant d'enchantements, que le jeune artiste trouve la vie un peu vide à son retour, et qu'il termine ainsi sa lettre, commencée sur un ton bien plus gai :

« Tu ne saurais croire comme je sens le manque partout maintenant à Varsovie. Je n'ai personne avec qui échanger deux paroles et à qui me confier. Tu souhaites un de mes portraits ; si j'avais pu prendre un de ceux qui sont dans l'album de la princesse Élise, je te l'aurais certainement envoyé, car il s'y trouve deux fois, et très-ressemblant, assure-t-on. Mais toi, mon bien cher, tu n'as pas besoin de mon image. Crois-moi, je suis toujours avec toi, et je ne t'oublierai de ma vie. »

Toutefois le vide probablement se remplit, car il ne part pas, et au mois de mars suivant, nous le retrouvons donnant un premier concert dans la salle du théâtre. Applaudi chaleureusement, il n'est pourtant pas entièrement satisfait : là, comme à Vienne, on se plaint de son jeu, non comme perfection, mais comme énergie, et le *Courrier polonais* lui conseille de développer plus de force à l'avenir. Ainsi averti, il donne un second concert, et cette fois le succès est complet, car il a pris un piano de Vienne dont les sons retentissants satisfont pleinement le public.

« Ce soir-là, les applaudissements ne s'arrêtaient pas, et l'on m'assure que chaque note résonnait comme une cloche, et que j'ai beaucoup mieux joué sur ce second instrument que sur le premier. Quand, rappelé par le public, j'ai dû reparaître, on m'a crié : « Encore un concert... »

« Pour être juste, je dois dire que je n'ai pas rendu dans mon improvisation tout ce que j'avais dans la tête ; mais mon public ne s'en est probablement pas aperçu. Malgré cela, je m'étonne que l'adagio ait plu si généralement. Partout où je vais, j'en reçois les plus grands compliments... »

Mais le départ?... L'été s'avance, voilà le mois d'août, et Frédéric paraît uniquement occupé des débuts d'une jeune élève du Conservatoire de Varsovie, mademoiselle Constantia Gladkowska. Il déclare qu'elle chante merveilleusement la romance du second acte de l'*Agnese*, de Paër : il en est ravi.

Le mois d'octobre commence; Frédéric, plus heureux que jamais, organise un troisième concert, où, bonheur inespéré, mademoiselle Gladkowska doit chanter la cavatine de *la Donna del Lago*. Elle la chante en effet, et mieux qu'elle n'a jamais chanté; même elle était ravissante avec sa toilette blanche et une rose dans les cheveux!... Or qu'était-ce donc que mademoiselle Gladkowska? Ne le devinez-vous pas?

Qu'était-ce, sinon l'*Idéal* du jeune Frédéric, et comment trouver la force de s'éloigner quand on peut la voir et l'entendre à peu près tous les jours, chez Soliva (1) son maître de chant; au théâtre, où elle va répéter, et chez mademoiselle Sontag; mademoiselle Sontag, entendez-vous bien? alors à Varsovie, et si gracieuse, si aimable, qu'elle a eu la bonté d'offrir ses conseils à sa jeune émule! Non, en vérité, rien n'égale tant de complaisance : Frédéric nage dans la joie!

Hélas! hélas! il devait pourtant en être de cet idéal comme de tant d'autres. La vingtième année de l'artiste en est tout embaumée; il lui doit quelques-unes de ses plus douces rêveries et de ses plus poé-

---

(1) Maître de chant au Conservatoire de Varsovie, mort à Paris en 1851.

4

tiques créations, puis tout s'évanouit. La séparation a lieu, et deux ans après, ô fragilité des affections humaines! l'adorée quitte le théâtre et se marie bien prosaïquement à un autre... Faut-il cependant prendre congé de ce premier amour, si naïf et si pur, avec un sourire dédaigneux et un haussement d'épaules? Cette passion printanière fut-elle aussi éphémère qu'on pourrait le penser? Non : le cœur du jeune homme garda longtemps l'image et le regret de cette apparition de la première heure, et dans les lettres à ses amis, on retrouvera l'expression d'une douleur contenue, mais persistante. De son côté, Constantia Gladkowska, s'il en faut croire Franz Liszt, n'oublia pas non plus celui auquel elle avait dû renoncer, moins par sa volonté que contrainte par la force des choses.

« Inopinément séparée de Chopin, cette jeune fille fut fidèle à sa mémoire, à tout ce qui restait de lui. Elle entoura de sa filiale amitié ses parents, et le père de Chopin ne voulut pas que le portrait qu'elle en avait dessiné dans des jours d'espoir fût jamais remplacé chez lui par aucun autre, fût-il dû à un pinceau plus expérimenté. Bien des années après, nous avons vu les joues pâles de cette jeune femme attristée se colorer lentement, comme rougirait l'albâtre devant une lumière dévoilée, lorsqu'en contemplant ce portrait, son regard rencontrait le regard paternel (1). »

Qui croire, du narrateur qui a constaté *de visu* les manifestations de ce souvenir non effacé, ou du biographe, qui, dans

______

(1) *Frédéric Chopin*, par Franz LISZT (*France musicale*, 25 mai 1851).

une note concise, presque brutale, annonce le mariage à si courte distance? Qui croire, en vérité, et que dire? Le cœur n'a-t-il pas ses mystères, et l'histoire ses contradictions? Comment se charger de les expliquer?

Pendant ces mois d'irrésolution où Frédéric désire partir sans pouvoir s'y résoudre, tout contribuait à rendre sa situation pénible. Des pressentiments sinistres — il en fut troublé toute sa vie, c'était chez lui un trait caractéristique — hantaient son imagination. Les lettres qu'il écrivait alors nous font pénétrer dans les faiblesses et dans les délicatesses de ce cœur de vingt ans. Il écrit à un ami : « Je suis encore ici, et je ne puis me décider à fixer le jour de mon départ. Il me semble toujours que je quitte Varsovie pour n'y jamais rentrer; je sens en moi la conviction que je dis un

éternel adieu à ma patrie. Oh! qu'il doit
être dur de mourir ailleurs que là où l'on
est né! Comme il me serait cruel, à mon lit
de mort, de voir un médecin indifférent et
un serviteur mercenaire, au lieu des visages aimés de mes chers parents! Crois-moi,
cher ami, je voudrais bien souvent aller
près de toi, reposer mon cœur endolori;
ne le pouvant, je m'en vais par les rues,
sans but... rien ne peut calmer mon
angoisse, je rentre pour retrouver les
mêmes souffrances...

« A Vienne, je ne ferai que languir. Il
en est ainsi quand le cœur n'est pas libre.
Toi qui connais si bien cette incompréhen-
sible puissance, explique-moi donc ce sentiment commun à tous les hommes et qui
leur fait attendre toujours du lendemain le
mieux que la veille ne leur a pas donné.
— Ne sois donc pas si sot! — Voilà toute

la réponse que je puis me faire ; toi, mon ami, si tu peux m'en donner une meilleure, de grâce donne-la-moi, je t'en supplie. »

Il écrivait ces lignes attristées le 4 septembre, et le 5 octobre suivant, il disait encore : «... Tout mon équipement est prêt, la partition corrigée... il ne me reste plus qu'à prendre congé, et c'est là le terrible ! »

Ce *terrible* l'est rendu plus encore par les larmes qu'il verse en secret, que par celles qu'il peut répandre ouvertement. Un adieu suprême a été échangé, des pleurs se sont confondus, et il emporte à son doigt une bague qu'*Elle-même* y a placée, et qu'il conservera comme son plus précieux bijou.

Enfin, le 2 novembre 1830, Frédéric s'arrache avec effort du milieu des siens. Un groupe d'amis, en tête desquels son vieux maître **Elsner**, s'étaient réunis pour

l'accompagner jusqu'au premier village,
situé sur la route. Là les élèves du Conservatoire l'attendaient : ils chantent une
cantate expressément composée pour la
circonstance par Elsner. Un banquet lui
est offert, à l'issue duquel on lui présente
un gobelet d'argent artistiquement tra-
vaillé, et rempli jusqu'au bord de terre
polonaise, terre que dix-huit ans plus tard
on répandra par son ordre sur son cer-
ceuil... Ému jusqu'aux larmes, Frédéric
remercie ses amis, les embrasse et s'é-
loigne. Le grand sacrifice était accompli ;
ses pressentiments devaient l'être aussi :
jamais il ne revit sa patrie. Et maintenant,
le vaste monde s'ouvrait devant lui !

CHAPITRE III

Ce vaste monde, nous le savons, c'était pour l'heure présente Vienne et l'Italie. Tout en s'y acheminant, le voyageur rencontre çà et là quelques épisodes amusants et les consigne dans ses lettres... Par exemple, passant par Breslau et sollicité de jouer dans un concert où il assiste en amateur, il raconte gaiement que ses auditeurs, ne sachant pas qui il est, sont fort embarrassés de la conduite qu'ils doivent tenir, aussi bien que de ce qu'ils doivent penser. Faut-il le louer ou le blâmer? ses compositions sont-elles bonnes ou n'en ont-elles que l'air?... Mais il n'est pas absolument nécessaire d'aller à Breslau pour rencontrer de pareils auditeurs.

A Dresde, où il s'amuse fort de se faire conduire en chaise à porteurs, il ne se divertit pas moins de ce qu'il voit dans un salon où on l'introduit et où se trouvent assises une foule de dames autour de huit grandes tables. — Que l'on reconnaît bien le Dresde de cette époque! — « Je ne fus pas ébloui par l'éclat des diamants, dit-il, mais bien par le scintillement des aiguilles à tricoter incessamment agitées par les mains diligentes de toutes ces dames. Les unes et les autres, les dames et les aiguilles, étaient si nombreuses, qu'eussent-elles d'aventure médité une attaque contre les représentants du sexe fort, ceux-ci auraient pu passer un très-mauvais moment, n'ayant pour toutes armes offensives et défensives que des lunettes sur leur front chauve. »

Après une semaine écoulée à Dresde, sans qu'il s'en aperçoive, dit-il, il se retrouve à Vienne, où, conformément au désir de son père, il cherche à organiser un concert. Mais, cette fois, la tâche est laborieuse, car il ne s'agit plus de jouer sans honoraires. Aussi écrit-il à ses parents : « Je donnerai donc un concert, mais *quand, où, comment?* Je l'ignore. » En attendant, il porte ses lettres d'introduction. Elles lui valent certaines aventures bouffonnes dont il rend compte agréablement. Par exemple, il s'en va chez le banquier Geymüller pour qui il avait une lettre, et où son ami Titus

W... avait six cents florins de Pologne à toucher. « Après avoir lu mon nom, sans faire la moindre attention à la lettre, qui lui était adressée, M. Gaymüller me dit : « Je suis enchanté de faire connais-
« sance avec un artiste de votre talent,
« mais je ne puis vous conseiller de donner
« un concert : il y a ici beaucoup de pia-
« nistes renommés, et il faut être très-
« célèbre pour faire de l'argent. Quant à
« moi, je ne puis vous aider en rien, les
« temps sont trop mauvais. »

« J'ouvris de grands yeux à cette sortie, continue Chopin, et quand il eut fini, je lui dis que j'ignorais encore s'il vaudrait la peine de jouer en public, car je n'avais vu aucune des personnes influentes pour lesquelles j'avais des lettres d'introduction, notamment le ministre russe, à qui le grand duc Constantin m'avait recommandé. —

Soudain le visage de M. Gaymüller changea d'expression... Mais je pris congé en lui exprimant le regret de lui avoir dérobé quelques minutes de son temps précieux, et je pensai : « Attends un peu, juif! »

L'expérience qu'il n'avait pas acquise à son premier voyage lui arrive peu à peu, assez amère, comme toujours. L'éditeur Haslinger l'accable de politesses, mais ne lui donne pas une obole pour les compositions qu'il a déjà publiées, ni pour celles qu'il voudrait publier encore. « Peut-être pense-t-il qu'en traitant mes compositions comme des bagatelles, il m'amènera à me trouver heureux de les lui laisser pour rien ; mais j'en ai fini avec le gratis, maintenant il faut payer, animal!... En somme tout va bien, et j'espère que tout ira mieux encore. »

Chopin écrivait ces lignes le 1er décem-

bre 1830; il ignorait que l'avant-veille, le
29 novembre, la jeunesse polonaise s'était
soulevée, entraînant dans sa révolte la
nation tout entière : coups de foudre dont
notre siècle est rempli, et qui remettent
périodiquement en question la vie des
peuples et la vie des individus. Celle de
notre jeune artiste faillit sombrer dans la
tempête. Emporté par son ardeur patrio-
tique, il veut au premier moment rentrer
en Pologne, mais une pensée l'arrête :
« Je n'aimerais pas être un fardeau pour
mon père; sans cette crainte, je retourne-
rais sur-le-champ à la maison. Je suis souvent dans une disposition telle, que je
maudis l'heure où j'ai quitté ma chère
patrie. Les dîners, soirées, concerts, bals,
auxquels je dois assister m'ennuient; je
suis triste, je me sens si isolé, si aban-
donné, mais je ne puis pas vivre comme

je voudrais. Il me faut faire toilette, paraître dans les salons avec un visage gai. Ce
n'est que dans ma chambre, devant mon
piano, mon meilleur ami à Vienne, que
j'exhale mes douleurs.

« Pas une âme à qui me confier entièrement, et pourtant je dois traiter chacun
comme un ami. Certains hommes, il est
vrai, semblent m'aimer, ceux-là s'atta-
chent à moi, font mon portrait ; mais aucun
ne peut vous remplacer. La paix intérieure
me manque ; je n'ai de calme qu'en lisant
vos lettres, ou en contemplant *sa* bague,
ce cher trésor... Est-*elle* donc bien chan-
gée, a-t-*elle* été malade?... Dieu garde
qu'*elle* souffre à cause de moi!... »

Ces hommes qui venaient à lui, qui faisaient son portrait, c'étaient Hummel et son
fils, et ce portrait est si ressemblant,
selon l'original, qu'il ne saurait l'être

davantage. « Je pose dans ma robe de chambre, avec un air inspiré ; par exemple, je ne sais pas trop pourquoi le peintre m'a donné cet air-là. Le portrait est au crayon, on le prendrait pour une gravure. »

A son arrivée à Vienne, Chopin s'était établi avec son ami Titus W..., dans un appartement au troisième étage d'une maison sur le Kohlmark, sous-loué par une charmante baronne, veuve et jeune encore, « qui, par elle-même, donne déjà du prix à l'appartement ». Elle a habité la Pologne, elle aime les Polonais, et, étant Prussienne, elle n'a aucune sympathie pour les Autrichiens. Dans la disposition d'esprit où se trouve Chopin, c'est là une qualité de plus à ses yeux. En effet, son ciel s'assombrit aussi à Vienne : il ne peut plus être question d'y donner un concert : le mouvemeut polonais n'y inspire naturellement aucune sympathie, bien loin de là. « Aujourd'hui, à table, à la Restauration italienne, j'ai entendu ceci : Le bon Dieu s'est trompé en créant les Polonais ; et cela : Il n'y a rien à attendre de la Pologne. Ne t'étonne donc pas que je ne puisse écrire ce que je sens..... »

Au bout de quelques semaines il quitte son troisième étage et monte au quatrième par raison d'économie ; il en informe ses parents. « Vous vous dites certainement : Le pauvre diable demeure maintenant sous les toits ! mais pas du tout. J'ai encore un étage qui m'en sépare ; et une économie de quatre-vingts florins n'est pas à dédaigner..... »

En même temps que la perspective d'un concert à Vienne devenait plus éloignée, celle du voyage en Italie s'évanouissait aussi, et le pauvre jeune artiste ne savait

en vérité quel parti prendre. « Tu sais,
écrit-il le 25 décembre 1849 à son ami
Jean Matuszynski, tu sais que j'ai des
lettres de la cour de Saxe pour la vice-
reine à Milan, mais que dois-je faire? Mes
parents me laissent libre, je voudrais
qu'ils me traçassent ma voie. Dois-je aller
à Paris?... Dois-je rentrer en Pologne?
Rester ici? me tuer? ne plus t'écrire? Con-
seille-moi..... Va voir mes chers parents
et Constantia. Va voir mes sœurs tant que
tu seras à Varsovie, afin qu'elles s'ima-
ginent que tu viens pour moi et que je suis
dans la chambre à côté : en un mot, prends
ma place auprès de mes parents.....»

Donc, il ne restait plus guère d'autre
perspective que celle du voyage de Paris,
et encore la situation de cette ville d'où
était parti le mouvement révolutionnaire
présentait-elle bien des obstacles : le visa

du passe-port n'était pas un des moindres. Le 25 juin 1831, Chopin écrit : « Mon voyage n'ira pas tout seul... On me promet chaque jour mon passe-port ; je cours d'Hérode à Pilate uniquement pour redemander à la police ce que j'ai remis à sa garde. Aujourd'hui, j'apprends de belles choses : mon passe-port est égaré ! Il va donc falloir adresser une demande pour en obtenir un autre. N'est-ce pas étrange que tout ce qu'il y a de plus mauvais nous arrive, à nous autres Polonais ?... J'ai suivi le conseil de Beyer (1), je fais viser mon passe-port pour l'Angleterre, bien qu'allant à Paris. » On lisait en effet sur ce passe-port : *Londres, passant par Paris.* Ce *passage* dura toute sa vie, ce qui lui faisait dire en riant, bien des années après : « Je

____

(1) Polonais établi à Odessa, et momentanément à Vienne.

suis ici en voyage. » Le fait est qu'en cette année 1831 il ne fallait pas avoir l'air d'aller à Paris : cet état de choses dura tout le temps du règne de Louis-Philippe.

Enfin, au commencement de juillet, alors que le choléra avait fait fuir presque tous les riches habitants de Vienne, Chopin donna un concert, l'unique de ce second voyage, et qui, grâce aux circonstances, eut un public très-restreint et des recettes au-dessous des dépenses. L'*Allgemeine Musikalische Zeitung* disait, il est vrai, au mois de septembre suivant : « F. Chopin s'est fait entendre ici. Il s'y était déjà révélé, il y a quelques années, comme pianiste de premier ordre. L'exécution de son nouveau et remarquable *Concerto en mi mineur* n'a point modifié notre opinion. Celui qui cultive avec tant de droiture l'art vrai, celui-là mérite une

véritable considération. » D'autres journaux de Vienne parlèrent de son jeu avec
éloges, mais trop froidement, toutefois,
pour satisfaire pleinement un artiste jeune
et enthousiaste.

Le 20 juillet 1831, Frédéric quittait
Vienne avec un de ses amis qui devait
l'accompagner à Paris. Il emportait de
cette ville une impression plutôt pénible
qu'agréable, y ayant rencontré pendant
ce second séjour plus d'envie et de jalou-
sie que de bon vouloir; des protecteurs
attiédis et des affections relâchées par
les événements.

Heureusement, Munich le dédommagea
un peu et lui rendit quelque courage par
l'admiration dont il y fut l'objet et l'enthousiasme qu'y excita son *Concerto en mi
mineur*. Mais à Stuttgard une douleur
cruelle l'attendait : il y reçut la nouvelle

de la prise de Varsovie par les Russes,
le 8 septembre 1831.

Les sentiments profonds sont, pour l'artiste, la source des grandes inspirations.
Ceux que Chopin éprouva alors se tra-
duisirent par la belle *Étude en ut mineur*
qu'il écrivit à Stuttgard même, et qu'il
dédia plus tard à Franz Liszt.

M. Karasowski dit en parlant de cette
Étude :

« A travers le tourbillon des passages
frénétiquement tourmentés de la main
gauche, surgit une mélodie majestueuse,
passionnée, qui, pareille au souffle d'un
Jupiter Tonnant, agite l'auditoire d'un
long frémissement. »

A la fin de septembre, Frédéric Chopin
arrivait à Paris.

Le moment était bien peu favorable, et
les esprits, tout enfiévrés de révolution,

5.

n'étaient guère tournés à la musique. Depuis un an, la capitale du monde, comme l'appelle M. Karasowski, était en proie à un de ces accès de folie périodique, chaque fois plus prolongés et plus sanglants : les émeutes se renouvelaient, fréquentes, intenses. Une des premières dont Frédéric eut le spectacle fut celle qui eut lieu en l'honneur du général Ramorino, que les étudiants, avec la présomption et l'ignorance propres à la jeunesse de notre temps, avaient entrepris de fêter comme un victorieux, tandis qu'en réalité, chargé de ravitailler et de secourir Varsovie, il l'avait laissé tomber aux mains de l'ennemi par son incurie et sa désobéissance aux ordres de ses chefs. Deux ou trois ans plus tard, il devait encore se signaler en Suisse par une tentative aussi infructueuse que ridicule. — Donc Ramorino ne méritait pas le triomphe, mais le châtiment! Combien qui le méritent autant que lui, et qui, la tête haute, président aux destinées de leur pays!

Le 25 décembre 1831, Chopin rendait compte, dans une longue lettre à un ami, de ses impressions et de sa situation dans ce milieu si nouveau pour lui.

« ... Tu sais que j'habite ici au quatrième, mais sur le boulevard, dans le plus beau quartier de la ville. J'ai un balcon donnant sur la rue, et de là je puis jeter à droite et à gauche un regard sur les agitations de la foule. Tout en face de moi, dans la cité Bergère, demeure le général Ramorino..... »

Ce détail nous fixe sur la position de l'appartement de Chopin. — Suit alors la description des agissements des jeunes héros de l'*École de médecine* et de la

Jeune France, venus au nombre de mille environ, précédés d'un drapeau tricolore et criant à tue-tête : « Vivent les Polonais ! » Quant au général, mieux avisé, il ne se montra pas, et le lendemain il avait décampé sans tambour ni trompette pour se soustraire à ces manifestations compromettantes.

Quelques jours après, suivant l'usage de cette aimable époque, une autre tentative de même genre, mais beaucoup plus considérable, eut encore lieu. Cette fois, il fallut employer les grands moyens : la gendarmerie et la cavalerie durent charger à plusieurs reprises, et la foule ne se retira que tard en chantant à pleins poumons : « Allons, enfants de la Patrie ! » Infortuné Chopin ! Ce chant, ces paroles lui déchirèrent les oreilles. « Je ne puis te dire quelle impression firent sur moi les horribles voix de cette foule révoltée..... »

Que faire en pareil cas et en pareil lieu?
Chopin, toujours modeste, et persuadé
qu'il a besoin de se perfectionner dans son
art, imagine de demander à Frédéric Kalkbrenner, alors au sommet de la gloire et
qui passait pour le premier pianiste de
l'Europe, de vouloir bien le prendre pour
élève. Il l'admirait sincèrement, et il
disait : « Si Paganini est un artiste accompli, celui-ci l'est aussi, mais d'une tout
autre manière. Son calme parfait, son toucher ravissant, l'égalité de son jeu, ne
peuvent se décrire. On reconnaît le
maître dans chaque note : c'est un géant,
il couvre tout de son ombre. »

Le géant accueillit son jeune admirateur
avec condescendance; il voulut le faire
jouer devant lui. Il fut étonné, continue
Chopin, « et me demanda si j'étais élève

de Field ; il me dit que j'avais le style de Cramer, mais le toucher de Field ». — Ce n'était pas la première fois qu'on le lui disait : déjà Klengel, à Dresde , après lui avoir entendu jouer son concerto, l'assura que son jeu lui rappelait celui de Field (1). — « Il (Kalkbrenner) joua quelque chose à son tour, et j'eus envie de rire, car il fit une faute et fut obligé de s'arrêter, mais il se rattrapa bien vite d'une manière merveilleuse. Depuis ce temps, nous nous voyons tous les jours..... » De tout cela, il résulta ceci : le célèbre maître consentit à diriger le jeune artiste pendant trois ans, pour faire de lui un grand artiste. Mais, bien que fort modeste, Chopin fut un peu

----

(1) John Field, 1782, né à Dublin, élève de Clementi. Fixé à Pétersbourg de 1804 à 1820, mort à Moscou en 1837.

étonné, et ne s'en fiant pas tout à fait à
son propre jugement, il écrivit à Elsner,
son maître vénéré; il écrivit aussi à son
père, et leur fit part des prétentions exor-
bitantes dont il était l'objet. Ni l'un ni
l'autre ne les trouva admissibles. Son
maître lui répondit une lettre empreinte
de sagesse et d'une véritable appréciation
des conditions de la supériorité dans l'art.
Cette supériorité ne s'obtient pas par l'imitation de tel ou tel maître, de telle ou telle
époque, ni par la culture exclusive de tel
ou tel instrument; car, « quelque talent
qu'on possède sur un instrument, fût-il
égal à celui de Paganini sur le violon, ou
à celui de Kalkbrenner sur le piano, il ne
peut être que le moyen, non le but de
l'art ». Ce but, c'est la création person-
nelle, mais étendue à tous les instruments
et s'adressant à tous les genres, tels que

les opéras, les symphonies, les quatuors, etc., etc.

A ces conseils excellents, mais peu pratiques dans la situation de Chopin, celui-ci répond : « Toutes mes espérances sous ce rapport sont anéanties ; aujourd'hui, je suis forcé de me frayer un chemin dans le monde comme pianiste, et de renoncer pour le présent à la voie plus haute dont vous m'entretenez... Pour être un grand compositeur, il faut posséder, outre la puissance créatrice, l'expérience et le jugement critique qui ne s'acquièrent pas seulement, vous me l'avez enseigné vous-même, par l'audition des œuvres d'autrui, mais surtout par un examen sévère des siennes propres..... » Et encore, avec tout cela, est-il bien difficile de parvenir. — « Plus d'un élève très-capable du Conservatoire de Paris attend, les mains dans les poches, l'exécution de son opéra ou de sa symphonie.....

« Meyerbeer lui-même, connu depuis dix ans du monde musical et déjà renommé, a dû rester pendant trois ans à Paris, travailler et payer avant de réussir à faire jouer son opéra de *Robert le Diable*, qui maintenant fait *furore*..... Heureux celui à qui ses moyens permettent de monter lui-même ses compositions..... »

Quoi qu'il en soit, Chopin renonça dès lors à toute idée de se mettre sous la direction de Kalkbrenner, et il eut raison. Il n'était pas de la race des imitateurs, et jamais ce maître n'eût été en état de rompre en lui la volonté, hardie peut-être, mais noble à coup sûr, de *créer une nouvelle ère dans l'art*. Du reste, Kalkbrenner lui-même, mieux avisé ou mieux informé, reconnut que trois années d'étude étaient superflues pour un élève comme Chopin. Pourquoi donc les avait-il exigées? Question délicate à laquelle nous n'essayerons pas de répondre, car elle a donné lieu à des suppositions diverses et sans solution précise.

Cependant les temps étaient difficiles; il fallait songer à quelque chose : Chopin revient à l'idée de donner un concert. Grosse affaire et qui lui causa bien des soucis.

« Mes parents vous ont certainement dit, écrit-il à Elsner, le 14 décembre 1831, que j'ai mis mon concert au 25 de ce mois (1)... L'arrangement me cause mille tourments, et si Paër, Kalkbrenner, et tout particulièrement Norblin (2), n'y met-

____

(1) Il eut lieu le 24 février 1832.
(2) Premier violoncelle de l'Opéra, Polonais de naissance.

taient pas la main, je ne pourrais rien
faire... »

Il est pourtant déjà en rapport plus ou
moins intime avec les principaux artistes :
Baillot, le rival de Paganini, très-ai-
mable envers lui, dit-il; Reicha, qu'il ne
connaît encore que de vue, mais que plusieurs de ses élèves lui ont dépeint sous
un jour peu favorable : n'aimant pas la
musique, ne fréquentant jamais les concerts du Conservatoire, et regardant
soigneusement l'heure quand il donne
une leçon; Cherubini, qui n'est guère
mieux arrangé, sa grande préoccupation
étant le choléra et la révolution. —
Quant à Reicha et au jugement porté
sur lui par ses élèves, je dois dire que
j'en ai connu dont les appréciations diffé-
raient essentiellement; un, entre autres,
qui le vénérait et lui gardait le plus

tendre souvenir. — Chopin connaissait aussi Fétis, lequel, à cette époque, habitait hors de la ville, et ne venait à Paris que pour ses leçons. « On dit qu'il a plus de dettes que sa *Revue musicale* ne rapporte, ce qui le met souvent en danger de faire connaissance avec la prison... C'est même pour cela qu'il habite Dieu sait où, car ici la loi ne permet d'arrêter un débiteur que dans sa propre maison... »

Ne croirait-on pas lire un chapitre de la vie de Balzac, traqué lui aussi par ses créanciers et réfugié à Ville-d'Avray dans une maison à issues multiples? Heureusement, cette chasse au débiteur a cessé, et maintenant les pauvres grands hommes peuvent au moins se promener sans péril au soleil.

Du reste, Paris offrait à cette époque une réunion incomparable de talents hors ligne, et Chopin, quelles que fussent les difficultés de sa situation, en jouissait pleinement. Comment aurait-il pu, en effet, doué comme il l'était, résister à l'enthousiasme que soulevaient Lablache, Rubini, Santini, la Pasta, la Malibran, la Schrœder-Devrient, chantant au Théâtre-Italien sous la direction de Rossini; Nourrit, Levasseur, Dérivis, madame Moreau-Cinti et mademoiselle Dorus à l'Opéra; Chollet, mademoiselle Casimir, Prévost à l'Opéra-Comique?... Mais, hélas! pour être artiste on n'en est pas moins homme, et le côté matériel de la vie s'imposait à lui sans pitié. Il fallait vivre, et il n'était qu'un débutant, qu'un inconnu! Paris ne lit guère les journaux de musique étrangers, il les lisait encore moins alors, si même il les lisait du tout, car Paris a toujours eu la prétention de juger par lui-même et de prononcer en dernier resssort. Or qu'était ce jeune homme sans nom, pour ce public exigeant et blasé?

Heureusement Chopin est aidé par certains artistes, et des meilleurs; et Kalkbrenner ne se propose rien moins que d'exécuter avec lui une marche sur deux pianos d'abord, puis une polonaise avec accompagnement de quatre autres pianos.

« L'idée n'est-elle pas tout à fait folle? dit Chopin. Un des pianos est très-grand, il servira à Kalkbrenner; l'autre est très-petit, il sera pour moi. Les quatre instruments, qui font autant de bruit qu'un orchestre, seront tenus par Hiller (élève de Hummel), Osborne, Stamaty, Sowinski... »

A ces noms, déjà connus et aimés, devaient s'en ajouter quelques autres; mais il fallait une chanteuse, et c'était là le difficile, malgré les richesses des années 1831-1832, si sombres politiquement, si éclatantes au point de vue musical. Car les directeurs n'entendaient pas raison, et d'ailleurs quelle étoile de première grandeur aurait consenti à briller pour cet obscur jeune homme! Aussi ne saurait-on s'étonner qu'il ne pût obtenir, pour la partie vocale, que deux astres fort secondaires, dont l'un, mademoiselle Tomeoni, élève du Conservatoire de Paris, n'avait pas encore débuté et ne monta sur la scène que quelques mois plus tard à Bruxelles.

Le concert, remis de jour en jour, grâce aux difficultés qui l'entravaient, et aussi à une indisposition de Kalkbrenner, l'homme important de l'entreprise, eut lieu enfin le 26 février 1832, dans la salle Pleyel; mais ce fut une déception complète. L'auditoire était presque entièrement composé d'émigrés polonais; l'élément français faisait à peu près défaut, et les recettes restèrent bien au-dessous des dépenses.

Cependant Fétis, en véritable critique impartial et éclairé, n'hésita pas, dans sa *Revue musicale,* à rendre compte de ce concert qui, sans lui, aurait passé peut-être inaperçu, et à prédire les succès futurs de ce débutant pour le moment dédaigné du public.

« ... Voici, dit-il, un jeune homme qui, s'abandonnant à ses impressions naturelles et ne prenant point de modèle, a trouvé, sinon un renouvellement complet de la musique de piano, au moins une partie de ce qu'on cherche en vain depuis longtemps, c'est-à-dire une abondance d'idées originales dont le type ne se trouve nulle part... Je parle ici de la musique des pianistes, et c'est par comparaison avec celle-là que je trouve dans les inspirations de M. Chopin l'indication d'un renouvellement de formes qui pourra exercer par la suite beaucoup d'influence sur cette partie de l'art.

« M. Chopin a fait entendre un concerto qui a causé autant d'étonnement que de plaisir à son auditoire, tant par la nouveauté des idées mélodiques, que par les traits, les modulations et la disposition générale des morceaux. Il y a de l'âme dans ses chants, de la fantaisie dans ses traits, de l'originalité dans tout. Trop de luxe dans les modulations, du désordre dans l'enchaînement des phrases, de telle sorte qu'il semble quelquefois entendre une improvisation plutôt que de la musique écrite : tels sont les défauts qui se mêlent aux qualités que je viens de signaler. Mais

6

ces défauts appartiennent à l'âge de l'artiste, ils disparaîtront quand l'expérience sera venue... Comme exécutant, ce jeune artiste mérite aussi des éloges. Son jeu est élégant, facile, gracieux; il a du brillant et de la netteté. Il tire peu de son de l'instrument, et ressemble sous ce rapport à la plupart des pianistes allemands. Mais l'étude qu'il fait de cette partie de son art, sous la direction de M. Kalkbrenner, ne peut manquer de lui donner une qualité importante d'où dépend le nerf de l'exécution, et sans laquelle on ne peut modifier les accents de cet instrument (1). »

En lisant ce compte rendu, écrit il y a maintenant quarante-sept ans, on est frappé de l'impartialité et de la justesse des appréciations, aussi bien que des pro-

(1) *Revue musicale*, 3 mars 1832.

nostics que l'avenir s'est chargé de réaliser. M. Fétis traite ce débutant comme un
artiste sérieux : il l'étudie en juge compé-
tent, il en parle en homme évidemment
sympathique ; aussi, tout en lui adressant le
reproche de *tirer peu de son* de son instrument, il a soin d'ajouter que cela se modi-
fiera *grâce à l'étude*..... Kalkbrenner, auquel il semble attribuer cette heureuse
influence, l'exerça-t-il en effet ? Sans doute
Chopin repoussa ses trois ans d'appren-
tissage, mais on peut penser qu'il accepta
ses conseils et qu'il s'en trouva bien.

En attendant, le résultat négatif de son
concert le plonge dans de douloureuses
perplexités. Avoir rêvé la gloire, la fortune peut-être, et les voir toutes deux
s'évanouir à la fois ! Le coup était rude : le
malheureux, tout meurtri, ne médite que
des résolutions extrêmes : aller en Amé-

rique ou retourner à Varsovie, point de milieu. C'est à ce dernier parti qu'il s'arrête, malgré les embarras que doit lui créer son passe-port, déjà expiré, et malgré l'avis contraire de ses amis, Hiller, Sowinski, Franz Liszt... Sa détermination prise, il fixe le jour de son départ, achève ses préparatifs, fait ses adieux. Mais ici intervient ce que les anciens appelaient le Destin, le Dieu, Fatum !

Le jour même où il doit se mettre en route, il rencontre dans la rue le prince Valentin Radziwill, et lui communique son dessein. Le prince, sans y faire aucune objection, lui demande seulement d'aller avec lui ce soir-là chez Rothschild : il le promet; cette promesse décide de toute sa vie.

Dans les salons du riche banquier, où il pénètre pour la première fois, une société

nombreuse, sympathique et fort capable
d'apprécier son talent jeune et original,
l'écoute, l'applaudit, s'enthousiasme. Hier,
il était inconnu; il sera célèbre demain.
Doux et subit revirement : l'horizon
s'éclaire, l'angoisse s'apaise, le séjour à
Paris devient possible. A quoi tient la
faveur du public? La manifestation d'un
talent hors ligne n'avait pu la lui conqué-
rir; l'intervention d'un ami haut placé
suffit pour la lui assurer.

A partir de ce jour, sa renommée gran-
dit et se consolide. Tous les donneurs de
concerts veulent l'inscrire sur leur pro-
gramme, toutes les élégantes veulent
l'avoir pour maître. Aussi un de ses camarades d'étude, Orlowski, écrit-il, vers
1832 : « Chopin est fort bien portant; il
tourne la tête à toutes les Françaises et
rend tous les hommes jaloux. Il est à la

mode, et le beau monde portera bientôt des gants à la Chopin. Mais le mal du pays le consume..... » Ah! le mal du pays, il le ressentira longtemps, toujours. Cela pourtant ne l'empêchera pas de prendre pied dans ce monde qu'il aime, où il se plaît, et dont il devient le favori. Entouré de jolies femmes et de visages amis, une vie nouvelle s'éveille en lui : l'expression de mélancolie qui lui était habituelle fait place à un gai sourire, et l'animation de sa parole spirituelle devient communicative. Deux ans plus tard, en 1834, un autre de ses amis, très-intime celui-là, écrit encore : « Chopin est le premier pianiste d'ici; il donne beaucoup de leçons, aucune au-dessous de vingt francs. Il écrit beaucoup, et ses compositions sont fort recherchées. » Cet ami, Jean Matuszynski, partageait alors son appartement rue de la Chaussée-d'Antin, 5 ; car, disait-il, « je tiens absolument à être avec lui ; il est tout pour moi (1) ».

(1) Jean Matuszynski, né à Varsovie le 9 décembre 1809, camarade de classe de Chopin. Fit ses études médicales à Varsovie et à Tubingue. Venu à Paris en 1834, il y devint, malgré sa qualité d'étranger, professeur à l'École de médecine ; il mourut en 1844. (M. Karasowski, t. I, p. 164.)

CHAPITRE IV

Tant de succès, de bonheur, encouragea
sans doute ce favori du monde élégant à
affronter de nouveau le grand public. Au
mois de février 1834, il annonce un second
concert, et cette fois dans la salle de
l'Opéra-Italien et sous la direction de
Habeneck. Cela seul indique la haute
situation musicale où il était parvenu.

Ce concert fut le plus brillant de la saison : l'auditoire se composait de la crème de la société parisienne et de l'élite des artistes; pourtant il ne réussit pas complétement. Comment s'en étonner? Si dans une salle restreinte, comme celle de Pleyel, un critique bienveillant, comme Fétis, s'était plaint du *peu de son* qu'il tirait de son instrument, que devait-on dire dans un espace aussi vaste que celui du Théâtre-Italien? Décidément les grandes salles, les nombreux auditoires n'étaient pas faits pour lui. Du reste, il reconnut lui-même sa méprise.

« Chopin, dit Franz Liszt, savait qu'il n'agissait pas sur la multitude et ne pouvait frapper les masses; car, pareils à une mer de plomb, leurs flots malléables à tous les feux n'en sont pas moins lourds à remuer et nécessitent le bras

puissant de l'ouvrier athlète, pour que,
versé dans un moule, ce métal en fusion
devienne tout d'un coup pensée et sentiment sous la forme qu'il leur impose. Il
savait qu'il n'était parfaitement goûté que
par ces réunions malheureusement trop
peu nombreuses, dont tous les esprits
étaient préparés à le suivre et à se transporter avec lui dans ces sphères... où tout
est miracle charmant, surprise folle, songe
réalisé, et où Chopin se réfugiait et se
complaisait si volontiers. Aussi disait-il
un jour à un artiste de ses amis, qu'on
a beaucoup entendu depuis : « Je ne
« suis pas propre à donner des concerts,
« moi que le public intimide, qui me sens
« étouffé par ces haleines, gêné par ces
« regards curieux, muet devant ces visa-
« ges étrangers; mais vous, vous y êtes
« destiné; car, quand vous ne gagnez pas

« le public, vous avez de quoi l'assom-
« mer (1). »

Oui, ce qu'il fallait à ce génie tout de
nuances et de sentiment, c'était un salon
où présidassent le goût, l'art et la poésie,
conditions difficiles à remplir, et que Paris
seul, peut-être, pouvait réaliser. La société qu'il fréquentait le plus volontiers,
c'était celle de ses compatriotes; les élèves
qu'il aimait surtout à diriger, c'étaient les
jeunes filles de cette aristocratie polonaise
si nombreuse alors à Paris, et dont lui,
l'artiste polonais par excellence, subissait
le charme. Toutefois, il ne limitait pas
ses relations avec une partialité exclusive,
et ses sympathies s'étendaient, sans distinction de nationalité, aux représentants

(1) *F. Chopin*, par F. LISZT (*France musicale*, 16 mars
1851).

privilégiés de l'art qu'il cultivait avec tant d'amour.

Au mois de mai de cette même année 1834, Chopin se rendit avec Hiller à une grande fète musicale donnée à Aix-la-Chapelle sous la direction de Mendelssohn, alors directeur de la musique de Dusseldorf. Les deux jeunes artistes qui, après s'être à peine entrevus à Berlin, s'étaient retrouvés à Paris en 1832, furent heureux de se rapprocher à la faveur de cette solennité musicale, et s'apprécièrent réciproquement. Mendelssohn, si calme, si mesuré, si classique par son éducation et ses principes, sut pourtant rendre justice au pianiste romantique et novateur, et n'hésita pas à porter sur lui le jugement suivant :

« Comme pianiste, Chopin est maintenant un des tout premiers : il fait sur le clavecin ce que Paganini fait sur son violon, et il accomplit des prodiges... Hiller aussi est un excellent exécutant, énergique et coquet à la fois. Seulement tous deux exploitent un peu trop la passion à la mode, le désespoir et la mélancolie, perdant ainsi quelque peu de vue la mesure, le calme et le vrai sentiment musical que moi je n'oublie peut-être pas assez. Aussi nous instruisons-nous et nous complétons-nous, je crois, tous les trois : moi jouant un peu le rôle de maître d'école; eux, celui de *mirliflores* et d'*incroyables*.

« Après la fête, nous sommes revenus ensemble à Dusseldorf, où nous avons passé une journée très-agréable, à musiquer et à discuter. Puis je les ai accompagnés à Cologne, où ils ont pris le bateau pour Coblentz, et me voici de retour ici... Le charmant épisode est terminé (1). »

L'année suivante réservait à Chopin une joie plus intime et plus intense, mais, hélas! mêlée comme toutes les joies de ce monde de tristesse et de regrets. Il put embrasser ses parents à Carlsbad, où la santé de son père l'avait obligé à venir prendre les eaux, et ce revoir fut d'autant plus doux que la séparation datait déjà de près de cinq ans. Mais quelle douleur amère quand, après cette courte réunion, il fallut se quitter de nouveau, et se quitter sans espérance assurée de se retrouver un jour! Quiconque a subi ces épreuves sait comme le courage faiblit, comme le cœur se brise; que de déchirements, que de larmes il en coûte! De tristes pressentiments oppressaient ces âmes tendres;

---

(1) MENDELSSOHN's *Briefe, zweiter Theil*, seite 296.

elles en étaient accablées. « Nous rever-
rons-nous? Jamais peut-être! » Et cette
crainte n'était point vaine : l'adieu qu'ils
échangèrent au départ était un adieu
suprême.

Chopin ne s'arrêta pas à Leipzig pour
s'y faire entendre, et pourtant il n'aurait
pas manqué d'auditeurs très-désireux de
le juger. Frédéric Wieck (1), en annonçant
sa venue, disait :

« Demain ou après-demain, Chopin
arrive ici de Dresde; mais il ne donnera
probablement pas de concert, car il est
très-paresseux. Il pourrait très-bien s'arrêter ici quelque temps, n'étaient de faux
amis, notamment un chien de Polonais qui
l'empêche d'apprendre à connaître Leipzig

(1) Frédéric Wieck, né en 1785 à Pretsch, près de
Wittenberg; facteur d'instruments de musique à Leipzig,
père de Clara Wieck.

au point de vue musical..... Chopin, d'après ce qu'il a dit à Dresde, ne croit pas qu'il y ait en Allemagne une dame capable de jouer sa musique... Nous verrons ce que Clara pourra faire (1). » Clara fit si bien, paraît-il, que Chopin fut ravi de son jeu poétique. Du reste, toute jeune qu'elle était — elle n'avait guère alors que seize ans, — elle annonçait déjà les remarquables facultés qui en firent une des premières pianistes de l'Allemagne, et qui lui valurent l'admiration de Paris aussi bien que de Pétersbourg et de Vienne.

C'est vers ce temps-là que Mendelssohn prenait la direction des célèbres concerts de la Gewandhaus, à Leipzig. Les deux musiciens se retrouvèrent ensemble avec

(1) Moritz KARASOWSKI, II, p. 50. (Tiré de la collection d'autographes d'Hermann Scholtz, à Dresde.)

plaisir. Bien qu'on ait voulu ranger au
nombre des adversaires de Chopin l'illus-
tre auteur du *Songe d'une nuit d'été*, nous
le voyons aussi favorablement impres-
sionné que l'année d'auparavant par l'exécution du jeune virtuose. Il est même tel-
lement sincère dans son admiration, qu'il
s'efforce de combattre les préventions que
sa sœur, élevée dans le respect et l'amour
de l'art classique, entretenait, paraît-il,
contre les compositions et le jeu trop
romantique du pianiste polonais :

« J'avoue, ma chère Fanny, que tu ne
me parais pas lui rendre justice : peut-être
n'était-il pas en verve quand tu l'as entendu, cela peut bien arriver; mais pour
moi son jeu m'a ravi de nouveau, et je suis
convaincu que si mon père et toi vous
entendiez quelques-unes de ses meilleures
compositions, telles qu'il me les a jouées,

vous seriez de mon avis..... Il a dans sa
manière quelque chose de si foncièrement
personnel et en même temps de si magis-
tral, qu'on peut bien, en vérité, l'appeler
un virtuose accompli. Et comme tout ce
qui est complet m'est aimable et me plaît,
cette journée m'a été grandement agréable... J'étais heureux de me trouver avec
un véritable artiste, dont la direction
nettement dessinée me convient beaucoup
mieux, quoiqu'elle diffère immensément
de la mienne, que celle de ces demi-vir-
tuoses, de ces demi-classiques également
disposés à unir en musique les honneurs
de la vertu aux plaisirs du vice (1).

« La soirée du dimanche a été vraiment
curieuse : je lui jouai mon *Oratorio*, et lui
exécuta avec verve ses nouvelles *Études*

____

(1) Ces mots sont en français dans l'original.

et un nouveau concerto, tandis que les *Leipsickois*, entrés à la dérobée pour le voir, écoutaient ébahis, comme si un Iroquois et un Cafre eussent conversé ensemble. Il a joué encore un très-joli nocturne, dont j'ai retenu beaucoup de passages... Bref, nous avons vécu gaiement ensemble... (1) .»

Chopin rentra à Paris la tête remplie de mélodie, mais le cœur parfaitement vide. Depuis longtemps déjà Constantia Gladkowska était mariée, et quelle qu'eût été la ferveur de son affection, l'amertume de ses regrets, l'idéal était à jamais perdu pour lui, ou plutôt non, je me trompe, rien n'était encore fini, car à l'âge qu'il avait, la vie ne s'arrête pas ainsi,

(1) *Briefe aus den Jahren* **1833,** *bis* **1847. Leipzig,** Hermann Mendelssohn, **1863.**

et le temps lui ménageait des épreuves bien autrement sérieuses.

Cet hiver-là, une jeune Polonaise, sœur de deux anciens condisciples de Frédéric dans la pension paternelle, Maria W..., vint à Paris avec sa famille, et il se sentit attiré vers elle. L'année suivante on se retrouva à Marienbad, et l'intimité de la vie des eaux acheva ce que la sympathie avait commencé à Paris. Quand la mère de Maria termina sa cure, les deux jeunes gens étaient fiancés. On quitta Marienbad ensemble, et ensemble on passa quelques semaines à Dresde. Heureuses semaines, en vérité, où la gaieté et les espiégleries reparurent mêlées de pensées graves et de projets d'avenir, dans lesquels le retour en Pologne tenait la plus grande place. Chopin, en effet, en face de ce paisible bonheur, qu'il croyait assuré, songeait à abandonner la France pour toujours, à se fixer à la campagne, près de Varsovie et de ses parents, et à cultiver dans la retraite l'art pour l'art, comme on disait dans ce temps-là. C'est en se berçant de ces doux rêves qu'il dit adieu à sa fiancée, avec l'espoir d'une réunion prochaine, et qu'il se dirigea sur Leipzig.

Robert Schumann y résidait alors. Au moment de quitter Dresde, il lui écrivit pour lui annoncer sa visite. Ni l'un ni l'autre ne se connaissaient, mais ils désiraient beaucoup se connaître et furent heureux de se serrer la main. Schumann admirait la musique de Chopin ; dès 1831, avant même de savoir qui était ce compositeur nouveau, il écrivait dans l'*Allgemeine musikalische Zeitung* un long article plein d'étonnements et d'enthousiasme sur les variations *La ci darem la mano*, pu-

bliées sous le n° 2. « Une œuvre 2! s'écrie-
t-il; en vérité, voilà qui est digne de
remarque... Chopin!... je n'ai jamais entendu ce nom-là. N'importe, quel qu'il soit,
c'est un génie. Dans les variations, le finale,
l'adagio, il éclate à chaque mesure! »
Schumann resta fidèle à ses premières impressions. En 1834, il disait encore à propos du *Concerto en fa mineur* : « Chopin
ne se montre pas escorté d'une armée
d'exécutants; comme les grands maîtres,
il ne possède qu'une petite cohorte, mais
elle lui appartient en propre et jusqu'au
dernier héros. »

Ces lignes ne font-elles pas songer
involontairement à celles où Alfred de
Musset dit de lui-même :

Mon verre n'est pas grand, mais je bois dans mon verre.

Et ce rapprochement s'impose d'autant

mieux, qu'il n'est malheureusement pas le seul à établir entre eux.

Ainsi préparées, les relations des deux musiciens ne pouvaient manquer d'être faciles et amicales ; elles le furent en effet, Schumann lui-même nous l'apprend.

« Avant-hier, au moment où je recevais votre lettre, écrit-il en 1836 à un ami, et me préparais à y répondre, qui entre ? Chopin ! Ce fut une grande joie. Nous avons passé ensemble un beau jour... Il m'a joué beaucoup d'études, de nocturnes, de mazurkas, tout cela incomparable. Sa manière d'être au piano est touchante ; vous l'aimeriez beaucoup. Pourtant, Clara est une plus grande virtuose ; elle donne à sa musique presque plus d'expression que lui-même (1). »

______

(1) Robert SCHUMANN, *Eine Biographie von Josef W e, Wasielewsky.*

Préférer l'exécution de Clara Wieck à celle de Chopin dans ses propres œuvres, lui, si éminemment personnel, qu'est-ce, sinon l'admiration exaltée d'un adorateur? En effet, quatre ans après, en 1840, Robert et Clara étaient unis dans le petit village de Schvenfeld, près de Leipzig.

Quand Schumann et Chopin se séparèrent, ils durent se dire : « Au revoir! » Tous deux étaient à peu près du même âge et dans la plénitude de la vie; pourtant ils se quittaient pour ne plus se retrouver en ce monde. Chose vraiment triste! Ils étaient là un trio d'artistes supérieurs, Mendelssohn, Chopin, Schumann, tous trois condamnés à mourir d'une mort prématurée, avant même que leur génie eût atteint tout son développement. Le 4 novembre 1847, Félix Mendelssohn, frappé le premier, succombait à une attaque

d'apoplexie; il n'avait pas encore accompli
sa trente-septième année. Deux ans après,
Chopin, comme nous le verrons, le suivait
au tombeau. Quant à Schumann, le pauvre
Schumann, sous l'action d'une maladie
longue et cruelle, il s'éteignait, sept ans
plus tard, à l'âge de quarante-six ans. A ce
moment, il n'avait encore que peu joui de
la célébrité dont son nom commence à être
entouré aujourd'hui, grâce aux soins généreux de F. Liszt, qui ne cessa d'exécuter par toute l'Allemagne cette musique,
accueillie d'abord avec froideur, et de la
faire exécuter par l'orchestre de Weimar,
quand il en disposa comme maître de
chapelle; grâce aussi au zèle ardent de sa
veuve, qui, dans des concerts très-appré-
ciés, fit entendre partout ses compositions
pour le piano; grâce enfin à M. Pasdeloup,
en train de populariser à Paris le maître

longtemps méconnu même en Allemagne. Mais revenons à Chopin.

Hélas! que les beaux rêves de la vie sont prompts à s'évanouir! Peu de temps après être rentré à Paris, il apprit que sa fiancée, plus vaniteuse que tendre, sans doute, préférait une couronne de comte à une auréole d'artiste, et lui rendait sa parole. Triste dénoûment d'un engagement considéré d'ordinaire comme sacré : il eut pour lui de très-graves conséquences. « Sous l'impression de l'injure qu'il venait de recevoir, dit son biographe, et dans le but de l'oublier, il se jeta dans les bras d'une femme destinée à exercer sur lui la plus fâcheuse influence. »

Nous touchons, en effet, à la grande crise de son existence, à celle qui devait laisser une empreinte ineffaçable sur tout le reste de ses jours.

Chose digne de remarque, lui-même semble avoir eu le pressentiment et la crainte de ce qui allait lui arriver. Grâce à son organisation délicate et nerveuse, à sa nature de sensitive, il souffrait de tous les changements de température, et il était porté à considérer comme des avertissements d'en haut les émotions, les défaillances qu'il en ressentait. Ainsi dans le cas particulier qui nous occupe.

Un jour, il avait plu constamment, et lui qui ne pouvait supporter l'humidité tomba dans une disposition très-sombre, très-inquiète. Pendant cette triste et longue journée, aucune visite, aucun livre n'étaient venus le distraire, aucune pensée mélodique ne s'était offerte à lui pour prendre forme. « Vers dix heures, il se souvint que c'était le jour où la comtesse C... réunissait un cercle de gens agréables et spirituels. En montant l'escalier recouvert de tapis, il lui sembla être suivi d'une ombre d'où s'exhalait un parfum de violette. Un pressentiment traversa son âme, comme si quelque chose de particulier, de mystérieux lui arrivait; il fut sur le point de retourner chez lui, mais, souriant de sa faiblesse superstitieuse, il franchit rapidement les dernières marches.

« Après avoir salué la maîtresse de la maison, il s'assit à l'écart, plus disposé, ce soir-là, à écouter qu'à causer. Mais quand une partie de la société se fut retirée et qu'il ne resta plus que les intimes, il se mit au piano, et, se sentant en veine, improvisa ce qu'il appelait de *petites histoires musicales*. Ses auditeurs l'écoutaient, suspendant leur haleine, tandis que lui, perdu dans ses pensées, les yeux sur son clavier, les oubliait entièrement.

Quand il eut fini, relevant la tête, il vit, appuyée sur le piano, une femme simplement vêtue, qui fixait sur lui des yeux noirs et ardents, et qui semblait vouloir lire dans son âme. Tandis qu'il se sentait rougir sous ce regard fascinateur, elle souriait, et, comme il quittait son siége pour se dérober derrière un groupe de camélias, il entendit de nouveau le frôlement d'une robe de soie, et sentit le parfum des violettes : la même dame qui venait de le regarder avec tant d'attention s'approchait de lui accompagnée de Liszt. Elle lui adressa, d'une voix profonde et harmonieuse, quelques paroles sur son jeu, et surtout sur son improvisation ; l'artiste ému et flatté l'écoutait en silence. »

Telle fut la première rencontre de Frédéric Chopin avec madame Dudevant, si célèbre sous le nom de George Sand, ren-

contre qui devait être pour lui la source
de vives joies et de mortels dégoûts.

Qui donc était cette femme, et comment
en parler dignement et avec mesure?
Femme de génie, cela est certain; peintre
merveilleux de la nature qu'elle aimait et
qu'elle a décrite en traits incomparables;
poëte dont les pages colorées expriment
ce que le cœur a de plus suave, la passion
de plus entraînant; écrivain éloquent, au
style net, ferme et concis, mais écrivain
inégal, où les contrastes les plus blessants
se heurtent, où la phraséologie, la décla-
mation de mauvais goût, suivent ou pré-
cèdent des pages inimitables; intelligence
supérieure, mais intelligence dévoyée,
adoptant, proclamant, défendant tour à
tour les idées et les principes les plus con-
tradictoires; se livrant à des dissertations,
ou plutôt à des divagations interminables;

mélant, confondant les sentiments les plus
purs avec les idées les moins saines;
déclarant sacré ce que la religion et
la société ont toujours repoussé comme
indigne; en un mot, femme de génie,
nous le répétons, mais femme aux
appétits sensuels, aux désirs insatiables,
habituée à les satisfaire à tout prix,
quitte à briser la coupe après l'avoir
épuisée, manquant également d'équilibre,
de sagesse, de pureté dans l'esprit, de
tenue, de réserve, de dignité dans la
conduite.

Quelle différence avec Chopin! Ame
plus tendre que passionnée, aspirant aux
joies douces d'une union bénie, bien plus
qu'aux luttes ardentes d'un lien sans lendemain. Aussi ne subit-il pas tout d'abord
l'influence de cet astre brillant dont la
flamme devait le consumer. Il se sentit

plutôt repoussé qu'attiré par cette femme dont Musset a dit dans des vers indignés :

Honte à toi, femme à l'œil sombre
. . . .
C'est ta jeunesse et tes charmes
Qui m'ont fait désespérer,
Et si je doute des larmes,
C'est que je t'ai vue pleurer (1).

et dont lui-même devait dire à la fin de sa vie : « Je n'ai jamais maudit personne, mais maintenant je suis si dégoûté de l'existence que je suis bien près de maudire Lucrezia (2). »

Il écrivit à ses parents : « J'ai fait la connaissance d'une grande célébrité, de madame Dudevant, connue sous le nom

(1) *La Nuit d'octobre.*
(2) Allusion à *Lucrezia Floriani,* personnification de madame Sand.

de George Sand; mais son visage ne m'est
pas sympathique et ne m'a pas du tout
plu; il y a même en elle quelque chose qui
me repousse. »

Pourtant l'admiration dont il devint
l'objet, la tendresse presque timide qui
l'entoura, l'orgueil aussi, car à combien
de sentiments multiples cède notre cœur!
l'orgueil de se sentir aimé par celle dont la
célébrité était à son apogée, vainquirent
ses répugnances; il se donna à son tour
et se donna tout entier. Alors commença
pour lui un genre de vie nouveau : ses
habitudes furent modifiées, il se retira du
monde, du moins dans une certaine
mesure et pour un certain temps; soit
pudeur ou indifférence, il s'éloigna des
maisons qu'il avait fréquentées jusqu'alors
le plus intimement, se renfermant volontiers dans un cercle restreint d'amis

intimes, l'été à Nohant (1), l'hiver à Paris. Franz Liszt a tracé un tableau animé d'une de ces premières soirées dans l'appartement qu'il occupait alors rue de la Chaussée-d'Antin. Cette peinture est évidemment poétisée. Tous ces hommes célèbres groupés si agréablement par le grand pianiste, et qui posent sous sa plume avec tant de complaisance, n'ont probablement jamais été réunis au même jour et au même moment autour du piano du jeune maître; mais la description est jolie, et quoique devant être accueillie avec réserve, on nous saura gré, sans doute, de la donner ici.

« Ce n'est certainement pas sans avoir de répugnances légèrement philanthropiques à vaincre qu'on parvenait à obtenir

_____

(1) Terre de madame Sand, dans le Berry.

de Chopin qu'il ouvrît sa porte et son piano à ceux auxquels une amitié aussi respectueuse que loyale permettait de le demander avec insistance. Plus d'un de vous se souvient sans doute encore de cette première soirée improvisée en dépit de ses refus, alors qu'il demeurait à la Chaussée-d'Antin.

« Son appartement, envahi par surprise, n'était éclairé que de quelques bougies, réunies autour d'un de ces pianos de Pleyel qu'il affectionnait particulièrement à cause de leur sonorité argentine un peu voilée et de leur facile toucher, qui lui permettait d'en tirer des sons qu'on eût cru appartenir à un de ces harmonicas dont la romanesque Allemagne conservait le monopole, et que ses anciens maîtres construisaient si ingénieusement, mariant le cristal et l'eau.

« Des coins laissés dans l'obscurité semblaient ôter toute borne à cette chambre et l'adosser aux ténèbres de l'espace. Dans quelque clair-obscur, on entrevoyait un meuble, revêtu de sa housse blanchâtre, forme indistincte, se dressant comme un spectre venu pour écouter les accents qui l'avaient appelé. La lumière concentrée autour du piano tombait sur le parquet, glissant dessus comme une onde épandue, rejoignait les clartés incohérentes du foyer, où surgissaient de temps à autre des flammes orangées, courtes et épaisses comme des gnomes curieux, attirés par des mots de leur langue. Un seul portrait, celui d'un pianiste et d'un ami sympathique et admiratif, semblait invité à être le constant auditeur du flux et reflux de tons qui venaient gémir, gronder, murmurer et mourir sur les plages de l'instrument près duquel il était placé. La nappe réverbérante de la glace, par un spirituel hasard, ne reflétait pour le doubler à nos yeux, que le bel ovale et les soyeuses boucles que tant de pinceaux ont copiés, et que le burin vient de reproduire pour ceux que charme une plume élégante.

« Rassemblées autour du piano, dans la zone lumineuse, étaient groupées plusieurs têtes d'éclatante renommée. Heine, le plus triste des humoristes, écoutait avec l'intérêt d'un compatriote les narrations que lui faisait Chopin, sur le mystérieux pays que sa fantaisie éthérée hantait aussi, et dont il avait aussi exploré les plus délicieux parages. Chopin et lui s'entendaient à demi-mot et à demi-son, et le musicien répondait par de surprenants récits aux questions que le poëte lui faisait tout bas sur ces régions inconnues.....

« Au soir dont nous parlons, à côté de Heine était assis Meyerbeer, pour lequel sont épuisées depuis longtemps toutes les interjections admiratives.....

« Plus loin Adolphe Nourrit, ce noble artiste, passionné et ascétique à la fois.....

« Hiller y était aussi ; son talent s'apparentait à celui de Chopin, dont il était un des plus fidèles amis. Chez lui, nous nous rassemblions fréquemment, et en attendant les grandes compositions qu'il publia dans la suite, dont la première fut son remarquable oratorio, la *Destruction de Jérusalem*, il écrivait des morceaux de piano, dont quelques-uns sous le titre d'*Études*, esquisses vigoureuses et d'un dessin achevé, rappellent ces études de feuillages où les paysagistes retracent d'avance tout un petit poëme d'ombre et de lumière avec un seul arbre, une seule branche, un seul motif heureusement et largement tracé.

« Eugène Delacroix restait silencieux et absorbé devant les apparitions qui remplissaient l'air, et dont nous croyions entendre les frôlements...

« D'entre nous, celui qui paraissait le plus près de la tombe, le vieux Niemcewicz, écoutait les *Chants historiques* que Chopin traduisait pour ce survivant des temps qui n'étaient plus, en dramatiques exécutions... Séparé de tous les autres, sombre et muet, Mickiewicz dessinait sa silhouette immobile; Dante du Nord, il semblait toujours trouver « *amer le sel de « l'étranger, et son escalier dur à monter...*».

« Enfoncée dans un fauteuil, et accoudée sur la console, était madame Sand, curieusement attentive et gracieusement subjuguée. Elle donnait à cette audition toute la réverbération de son génie ardent, doué de la rare faculté, qui n'est réservée qu'à quelques élus, d'apercevoir le beau sous toutes les formes de l'art et de la nature, et qui pourrait bien être cette *seconde vue* dont toutes les nations ont reconnu chez les femmes inspirées les dons supérieurs...

« Après avoir nommé celle dont l'énergique personnalité et le fulgurant génie ont inspiré à la frêle et délicate nature de Chopin une admiration qui le consumait comme un vin trop *capiteux* détruit des vases trop fragiles, nous ne saurions faire sortir d'autres noms de ces limbes du passé... (1). »

Il semblerait, en effet, que ce *vin trop capiteux* ne tarda pas à exercer ses ra-

____

(1) *Frédéric Chopin*, par Franz Liszt (*France musicale*, 31 mars 1851.)

vages, puisque dans l'automne de 1838, un an à peine après le jour où Franz Liszt avait présenté Chopin à George Sand, la délicate santé de l'artiste commença à s'altérer et parut réclamer du repos et un climat plus chaud que celui de Paris.

A cette époque aussi, madame Sand, — c'est elle qui le dit, — se disposait à conduire son fils Maurice dans le Midi, et leurs amis communs la pressèrent, — c'est toujours elle qui parle, — de ne pas repousser le désir que manifestait Chopin de l'accompagner. « J'eus tort de céder à leur espérance et à ma propre sollicitude... Mais Chopin était dans un moment de santé qui rassurait tout le monde (excepté Grzymala (1) qui ne s'y trompait

____

(1) Franz Grzymala, émigré polonais, mort à Paris en 1871, le lendemain de la capitulation.

pas); nous avions tous confiance (1). »

Le voyage eut lieu; il eut comme résultat final une amélioration sensible et prolongée dans la santé du malade. Mais quel étonnement ne ressent-on pas en lisant ce que madame Sand écrit à propos de ce séjour à Majorque, et la contradiction qui s'établit sur ce point entre elle et Franz Liszt! Selon celui-ci, elle alla à Majorque *pour Chopin;* selon elle, elle y alla *pour son fils,* et Chopin n'y vint que par surcroît; selon Liszt, des symptômes alarmants l'obligèrent (Chopin) à se rendre dans le Midi pour éviter les rigueurs de l'hiver; selon madame Sand, « sa santé rassurait tout le monde »; selon Franz Liszt, « tous les prismes du bonheur se rassemblèrent dans cette époque de la vie

(1) *Histoire de ma vie,* t. X, p. 188.

de Chopin »; selon madame Sand, et à en juger par son ton quelque peu amer, ce séjour à Majorque fut des moins agréables sous tous les rapports, grâce à la mauvaise installation, au régime forcément insuffisant, aux pluies torrentielles de l'hiver; en un mot, à tous les inconvénients d'un pays admirable comme nature, mais totalement dépourvu des ressources et des commodités dont les habitudes modernes nous font un besoin. Dans ces conditions, un homme nerveux, impressionnable, devait être un fardeau; il le devint si on consulte les pages où il est question de lui à cette époque.

« Le pauvre grand artiste était un malade détestable. Ce que j'avais redouté, pas assez malheureusement, arriva. Il se démoralisa d'une manière complète. Supportant la souffrance avec assez de courage, il ne pouvait vaincre l'inquiétude de son imagination. Le cloître était pour lui plein de terreurs et de fantômes (1), même quand il se portait bien. Il ne le disait pas, et il fallait le deviner. Au retour de mes explorations nocturnes dans les ruines avec mes enfants, je le trouvais, à dix heures du soir, pâle devant son piano, les yeux hagards et les cheveux comme dressés sur la tête. Il lui fallait quelques instants pour nous reconnaître.

« Il faisait ensuite un effort pour rire, et il nous jouait des choses sublimes qu'il venait de composer, ou, pour mieux dire, des idées terribles ou déchirantes qui venaient de s'emparer de lui comme à son insu, dans cette heure de solitude, de tristesse et d'effroi.

---

(1) Ils habitaient la chartreuse de Waldemosa, aban-

« C'est là qu'il a composé les plus belles de ces courtes pages qu'il intitulait modestement des *Préludes*. Ce sont des chefs-d'œuvre. Plusieurs présentent à la pensée des visions de moines trépassés, et l'audition des chants funèbres qui l'assiégeaient; d'autres sont mélancoliques et suaves; ils lui venaient aux heures de soleil et de santé, au bruit du rire des enfants sous la fenêtre, au son lointain des guitares, au chant des oiseaux sous la feuillée humide, à la vue des petites roses pâles épanouies sur la neige.

« Avec le sentiment exagéré des détails, l'horreur de la misère et les besoins d'un bien-être raffiné, il prit naturellement Majorque en horreur au bout de peu de jours

___

donnée par les religieux sur l'ordre du gouvernement espagnol.

de maladie... Notre séjour à la chartreuse de Waldemosa fut donc un supplice pour lui et un tourment pour moi (1) ».

Comment concilier le bonheur célébré par Liszt avec l'amertume de ces pages? comment comprendre celles-ci, sinon en se rappelant qu'elles ont été écrites bien des années après cette époque, bien des années après la rupture de ces rapports affectueux, alors que les douces illusions des premiers jours avaient fait place au désenchantement.?

On parvint enfin à quitter Majorque, un peu meurtri au moral peut-être, mais en voie de guérison physique et prêt sans doute, de part et d'autre, à oublier les épreuves passagères de ce séjour.

En arrivant à Marseille, Chopin apprit

____

(1) *Histoire de ma vie*, t. X, p. 191.

qu'on y célébrait une messe de *requiem* pour le repos de l'âme d'Adolphe Nourrit, mort à Naples le 7 mars 1839; il se rendit sur-le-champ à l'église, monta à l'orgue et joua, en l'honneur de son ami, une de ses plus pathétiques improvisations. Quelques jours après, on partait pour le Berry, et madame Sand nous dit : « J'amenai à Nohant sans encombre Maurice guéri et Chopin en train de l'être. »

Il se trouva, en effet, que la maladie de poitrine signalée par les médecins n'était qu'une inflammation du larynx parfaitement guérissable, à la condition d'y apporter beaucoup de ménagements et de soins. C'était là le difficile! Une fois l'été terminé, il fallait rentrer à Paris, reprendre les occupations fatigantes et les distractions qui ne l'étaient guère moins : les élèves le matin, le monde le soir, jusqu'à des heures fort avancées, car enfin on ne pouvait se cloîtrer. Mais on reprit aussi la vie intime, la vie d'intérieur commencée à Majorque, continuée à Nohant, et dont la privation affectait péniblement Chopin; et il vint s'établir rue Pigalle, dans l'un des deux pavillons que madame Sand y avait loués. « La destinée, dit-elle, nous poussait dans les liens d'une longue association, et nous y arrivâmes tous deux sans nous en apercevoir. » Un peu plus tard, on s'établissait rue Saint-Lazare, au square d'Orléans : là, Chopin, qui dès lors s'intitulait son *malade ordinaire*, fut heureux « d'avoir un beau salon isolé, où il pouvait aller composer ou rêver; mais, ajoute-t-elle, il aimait le monde et ne profitait guère de son sanctuaire que pour y donner des leçons ».

Ce goût de Chopin pour le monde devint

un des griefs de madame Sand. Elle aurait voulu le détacher de cette société élégante et polie, et le garder près d'elle, dans le milieu où elle se plaisait de préférence. De là, sans nul doute, des tiraillements, des froissements qui durent grandir et s'envenimer chaque jour. Le monde de madame Sand n'était pas le monde de Chopin, à certaines exceptions près, et vers la fin de leurs relations, je crois que cet entourage lui devint intolérable. Mais nous n'en sommes pas là.

En 1839, Moschelès vint à Paris. Il avait déjà entrevu Chopin à Londres, lors d'une courte apparition que celui-ci y avait faite en 1837; mais c'est à Paris qu'ils firent réellement connaissance, et cette connaissance paraît avoir été très-agréable au maître bohème, à en juger par la manière dont il en parle dans une lettre à sa femme.

« L'extérieur de Chopin est tout à fait
en rapport avec sa musique : tous deux
ont quelque chose de tendre et d'enthousiaste. Il joua à ma prière, et maintenant
je comprends sa musique, et je m'explique l'admiration des dames..... Son jeu
ad libitum, qui chez ses interprètes devient un manque de mesure, n'est chez
lui que la plus charmante originalité. La
dureté de certaines modulations dont je ne
puis me tirer quand je les joue moi-même,
cesse de me choquer quand ses doigts
d'ivoire les exécutent en glissant délica-
tement dessus. Il ménage ses *piani* de
telle sorte, qu'il n'a besoin d'employer
aucun *forte* violent pour produire les
contrastes voulus. Aussi ne sent-on pas
l'absence des jolis effets d'orchestre que
l'école allemande exige d'un pianiste; mais
on se laisse entraîner comme par un chan-

teur qui, peu soucieux de l'accompagnement, s'abandonne à son propre sentiment;
bref, il est unique dans le monde des
pianistes..... Il m'a fait entendre des
études et un *prélude,* sa dernière composition.....

« J'ai été lui faire visite avec Ch... et
E..., qui, eux aussi, sont pleins d'enthousiasme pour lui et qui admirent tout particulièrement son *Prélude en la bémol
majeur*, où l'emploi de la pédale revient
constamment. L'excellent élève de Chopin,
Gutmann, a exécuté le *Scherzo* manuscrit
en ut dièze mineur, et Chopin, sa *Sonate*
manuscrite *en si bémol mineur*, avec la
Marche funèbre. »

Bientôt, une invitation collective, à
l'adresse des deux virtuoses, arriva de
Saint-Cloud où se trouvait la famille du roi
Louis-Philippe. C'était une réunion tout

intime. Moschelès écrit le 30 octobre 1839 :

« Chopin, applaudi et admiré comme un favori, joua d'abord des *nocturnes* et des *études ;* après que j'eus exécuté à mon tour des *études* anciennes et nouvelles, accueillies avec la même approbation, nous prîmes place ensemble au piano. L'attention soutenue du petit cercle pendant l'exécution de ma *Sonate en mi bémol majeur* ne fut interrompue que par les mots « divin, « délicieux ». A la fin de l'andante, la reine dit à demi-voix à une de ses dames d'honneur : « Serait-il indiscret de leur « demander de recommencer? » Ce qui eut lieu, naturellement, et nous recommençâmes avec un nouvel entrain, nous abandonnant, au finale, à un véritable délire musical. La fougue entraînante de Chopin à travers tout le morceau sembla électriser les auditeurs, qui se répandirent en louanges admiratrices..... Nous étions fraternellement heureux de ce triomphe collectif..... Enfin, nous dûmes prendre part aux rafraîchissements préparés pour nous, et à onze heures et demie nous quittions le palais de Saint-Cloud (1). »

Un certain nombre d'années s'écoulèrent alors pour Chopin, partagé entre la culture de son art, la douceur des affections intimes et les plaisirs du monde, car la retraite ne pouvait se concilier longtemps avec le besoin de renouvellement et de succès qu'éprouvent les artistes.

« Il était l'homme du monde par excellence, dit encore madame Sand; non pas du monde trop officiel et trop nombreux, mais du monde intime, des salons de vingt personnes, de l'heure où la foule s'en va et

____

(1) *Aus Moscheles Leben*, Leipzig, 1873, t. II, p. 43.

où les habitués se pressent autour de l'artiste pour lui arracher par d'aimables
importunités le plus pur de son inspiration. C'est alors seulement qu'il donnait
tout son génie et tout son talent. C'est
alors aussi qu'après avoir plongé son auditoire dans un recueillement profond ou
dans une tristesse douloureuse (car sa
musique vous mettait quelquefois dans
l'âme des découragements atroces, surtout
quand il improvisait), tout à coup, comme
pour enlever l'impression et le souvenir
de sa douleur, aux autres et à lui-même,
il se tournait vers une glace, à la dérobée,
arrangeant ses cheveux et sa cravate, et
se montrait subitement transformé en
Anglaise sentimentale et ridicule, en juif
sordide. C'étaient toujours des types
tristes, quelque comiques qu'ils fussent,
mais parfaitement compris, et si délica-

tement traduits qu'on ne pouvait se lasser de les admirer. »

Moschelès parle aussi dans ses lettres de cette faculté d'imitation que nous avons déjà signalée plus haut. « Qui croirait, dit-il, que Chopin, avec sa sentimentalité, possède également la veine comique? » Cette veine, d'ailleurs, ne s'exerçait pas seulement sur des types familiers qu'il avait sans cesse sous les yeux; elle s'attachait avec autant de bonheur et de sans gêne à reproduire les plus hauts personnages, voire même les têtes couronnées. Madame la princesse de Beauvau, qui a connu Chopin depuis sa jeunesse jusqu'à sa mort, raconte qu'il mimait l'empereur d'Autriche, par exemple, avec tant de perfection, qu'on aurait été tenté d'en avoir peur pour lui, si cela se fût passé jadis à Vienne.

CHAPITRE V

Cependant, après la vie à Paris, qui réclame tant d'énergie et absorbe tant de forces, la vie à la campagne, la vie à Nohant venait fort à propos rendre à l'artiste la liberté et le repos salutaires. Un des familiers de l'endroit a tracé jadis la peinture des plaisirs de ce séjour où se réunissait une société mêlée de voisins et d'artistes éminents. Naturellement on y faisait beaucoup de musique, et il s'y établissait parfois des luttes courtoises entre les hôtes de madame Sand. La page écrite sur ces réunions par M. Rollinat est une jolie page; mais il faut la lire avec une certaine défiance, car les réserves que nous avons cru devoir faire à l'endroit des *Soirées en ville*, de Franz Liszt, peuvent s'appliquer avec plus de raison encore aux *Soirées à la campagne*, de M. Rollinat. Il raconte, par exemple, qu'un soir de juin 1843, la société étant composée entre autres de madame Pauline Viardot, Eugène Delacroix, Franz Liszt, etc., on eut l'idée de transporter le magnifique piano d'Érard sur une esplanade renommée pour son merveilleux écho, qui reproduisait chaque mot jusqu'à trois et même quatre fois.

9,

La nuit était étoilée, l'air était calme ;
on ouvrit le piano du côté de la vallée, et
Liszt exécuta d'abord de sa main énergique le *Chœur des Chasseurs d'Euryanthe,*
s'arrêtant à chaque phrase pour attendre
la réponse de l'écho. La phrase musicale
était trop longue pour être reproduite en
entier la première et même la seconde
fois ; mais la troisième et la quatrième,
c'est-à-dire l'écho de l'écho, la répétaient
sans qu'il y manquât une note.

Chopin succéda à Liszt et joua quelques
fragments d'un *impromptu* qu'il composait alors. Cette musique, pareille aux
sons d'une harpe éolienne, et qui semblait
conjurer tous les esprits de la vallée, le
jeta dans une si grande excitation qu'on
dut l'arracher de force au piano.

Madame Pauline Viardot chanta ensuite
la délicieuse romance *Nel cor non piu mi*

sento, et l'aurore apparaissait à l'horizon quand on se sépara.

Malheureusement, les survivants de cette époque n'admettent cette histoire du piano transporté sur la terrasse que comme une invention rendue invraisemblable par la nature même des lieux. Quant à la romance si heureusement choisie et exécutée par madame Viardot, l'admirable cantatrice proteste par ce seul mot, qui en dit plus que bien des phrases : « Je ne me suis jamais trouvée à Nohant en même temps que Liszt. » Il faut donc prendre le récit de M. Rollinat pour ce qu'il est, c'est-à-dire pour une charmante fiction basée sur un fond de vérité et agrémentée d'une jolie broderie.

C'est ainsi que pour paraître bien informé on altère la vérité, et qu'en voulant l'embellir on s'expose à la gâter.

Certes ce n'est pas le cas de M. Rollinat :
il ne l'a point gâtée, mais il l'a altérée, et
aux yeux de l'histoire, c'est un tort que
le plus agréable talent descriptif ne saurait excuser.

Plus tard, les liens qui existaient entre
certains de ces hôtes privilégiés se relâ-
chèrent. L'amitié qui unissait deux des
plus éminents éprouva même une vive
atteinte. M. Karasowski affirme que, dans
ses lettres à sa famille, Chopin se plaignit
amèrement de Liszt. Nous avons essayé
de connaître la vérité sans y être entièrement parvenue. Un artiste renommé,
lui aussi, M. Franchomme, très-sincère
ami de Chopin, convient que cette brouille
a eu lieu, et il la considère comme parfaitement motivée de la part de celui-ci,
mais il se refuse à entrer dans aucun
détail : nous avons respecté sa réserve.

Pour nous, en relisant les pages publiées en 1855 par le grand virtuose sur la *Vie de Chopin*, nous voulons croire qu'il n'y eut entre eux qu'un refroidissement passager, tel que les affections de ce monde en subissent si souvent.

Une rupture bien autrement douloureuse, et bien complète, celle-là, devait séparer deux âmes encore plus étroitement unies à cette époque, et les séparer irrévocablement. Mais le moment n'était pas encore venu.

L'année 1844 semble pouvoir être considérée comme le point culminant du bonheur et du succès pour Chopin : il avait des élèves enthousiastes, des admirateurs passionnés, des amis dévoués et... des éditeurs empressés. Nous voyons, par quelques lignes que M. Franchomme a bien voulu nous communiquer, combien facilement se faisaient les transactions avec ceux-ci, et quelle bonne grâce cet ami zélé mettait à le servir; Chopin lui écrit :

« Chérissime,

« Je comptais bien sur ton amitié; aussi la célérité avec laquelle tu m'as arrangé l'affaire Schlesinger ne m'étonne pas du tout. Je t'en remercie du fond de mon cœur, et j'attends le moment de pouvoir te rendre ma revanche. Je me figure que tout va bien chez toi; que madame Franchomme ainsi que tes chers enfants se portent bien, et que tu m'aimes comme je t'aime.

« Tout à toi.

« F. CHOPIN.

« Nohant, samedi 4 août 1844. »

Ce billet, d'un style facile, nous montre

que si l'artiste polonais préférait avant
tout la langue maternelle, il était fort en
état d'écrire élégamment dans celle de son
père. Du reste, n'était-il pas pour cela à
bonne école? La date même de cette petite
lettre nous le dit.

Cependant, la loi rigoureuse, presque
fatale, qui ne permet à nul d'entre nous
d'être longtemps heureux ne pouvait épar-
gner Chopin. — Dans cette même année
1844, il reçut l'annonce de la mort de son
père, et cette perte lui fut si cruelle
qu'elle lui enleva jusqu'à la possibilité
d'écrire à sa mère. Ce fut madame Sand
qui dut se charger de ce soin, et elle s'en
acquitta, selon nous, avec peu de sensibilité. Préoccupée sans doute de sa situation
en face de cette mère pieuse, elle a recours
à son sophisme favori d'amour filial et
maternel, et s'y complaît d'une manière

particulièrement choquante dans cette circonstance.

La mort d'un ami intime de Chopin, le Dr Matuszynski, arrivée peu de temps après celle de son père, ne fit qu'augmenter sa détresse. Madame Sand écrit à cette occasion : « Le dogme catholique jette sur la mort des terreurs atroces. Chopin, au lieu de rêver pour ces âmes pures un meilleur monde, n'eut que des visions effrayantes, et je fus obligée de passer bien des nuits dans une chambre voisine de la sienne, toujours prête à me lever cent fois de mon travail pour chasser le spectre de son sommeil et de son insomnie. » On sent poindre ici la lassitude qui bientôt devait s'emparer d'elle, et l'on n'est pas surpris de l'entendre s'écrier : « Pourquoi une combinaison d'événements en dehors de nous ne nous éloigna-t-elle pas l'un de l'autre avant la huitième année? »

Un an plus tard, madame Sand, écrivant encore à un ami de Chopin pour lui donner des nouvelles de sa santé, se laisse aller de nouveau à des divagations telles que celles-ci :

« Je ne vous dirai rien de Mickiewicz; il n'a pas fait son cours cette année, et je ne l'ai pas vu. Je n'ai même pas lu son livre. Je le regarde aussi comme un noble malade; mais, sans le croire sur le chemin de la vérité, je le crois aussi bien que vous et moi sur la route du salut; s'il est, dans son erreur, convaincu, humble et aimant Dieu, Dieu ne l'abandonnera pas, Dieu ne boude pas... (1). » Que dites-vous de ce Dieu qui ne boude pas? L'idée n'est-elle pas choquante?

(1) Cité en français par M. Karasowski.

Certes, madame Sand avait au plus haut degré le sentiment de la nature physique, mais elle n'avait pas celui de la nature morale, des choses élevées et religieuses.

A partir de cette époque de grand ébranlement pour Chopin, sa toux et sa faiblesse s'accentuèrent au point que ne pouvant plus monter les escaliers, il devait se faire porter chez ses amis. Il n'est pas douteux que cet état de santé n'influât aussi sur son esprit, comme il arrive toujours dans ce genre de maladie. La fatigue et la lutte morale, conséquence de ses rapports avec madame Sand, s'en aggravèrent chaque jour et l'accablaient. Tantôt sous l'influence des principes reçus dans sa jeunesse, au sein de sa famille, il prenait en dégoût les liens contractés avec Aurora Dudevant et voulait les briser;

tantôt, ne s'en trouvant pas la force, il se persuadait que la seule manière de les purifier était de les conserver usqu'à la fin, et ne pouvant rompre sa chaîne, il s'y cramponnait. Mais au prix de quels efforts, de quelles luttes! Il était évident que cette chaîne finirait par devenir pour tous deux un fardeau insupportable.

Ainsi deux grands artistes se rencontrent, ils s'admirent, ils se rapprochent et croient en se réunissant doubler leur génie, le compléter l'un par l'autre; ils oublient, hélas! que pour supporter la vie à deux, pour s'aimer dans la maladie comme dans la santé, pour se soutenir, se consoler, se pardonner, ni l'attrait de la beauté ni celui du génie ne suffit : il y faut le sentiment austère du devoir et la bénédiction du ciel qui purifie les mouvements du cœur et lui communique son incorruptibilité. Ni George Sand ni Chopin n'en étaient là ; ils ne pouvaient espérer d'y arriver jamais.

Le désenchantement apparaît à chacune des pages qui traitent de cette partie de l'*Histoire de ma vie;* il alla croissant jusqu'à la rupture définitive. Les amis de madame Sand cherchent à l'expliquer par l'état où Chopin était arrivé : irritable, soupçonneux, jaloux..... Nous rapportons leurs paroles pour n'être pas accusée de partialité, et même nous ajouterons que nous ne sommes pas éloignée d'y croire, sachant comme tout le monde les tristes effets produits sur le caractère par le mal dont souffrait l'artiste. Malheureusement ceci n'explique pas tout : il y a dans la vie de madame Sand des précédents qui l'accusent et qu'on ne saurait justifier. Ce désenchantement profond, ce n'était

pas la première fois qu'il s'emparait d'elle,
et dans les plaintes qui s'accentuent, dans
la malveillance qui perce jusque sous les
mots affectueux, on reconnaît la main qui,
après la mort de Musset, devait écrire
Elle et Lui, comme si avoir la pudeur de
ses fautes et le respect de ses souffrances
lui eût été tout à fait étranger.

Une fois entré dans cette voie douloureuse, le mal ne fit que grandir; c'était
inévitable. « Nohant, dit madame Sand,
lui était devenu antipathique. » Nohant et
bien d'autres choses sans doute. Les opi-
nions, les vœux, les goûts, les habitudes
de ce milieu, qu'il avait bien pu supporter
dans l'aveuglement et l'enivrement des
premières années, blessaient alors les
délicatesses et les convictions de son
esprit. « Sincèrement religieux, et attaché
au catholicisme, dit Liszt, il n'abordait

jamais ce sujet, gardant ses croyances sans les témoigner par aucun apparat... Nous l'avons contemplé de longs instants au milieu de conversations bruyantes et animées dont il s'excluait par son silence. La passion des causeurs le faisait oublier; mais, pour notre part, nous avons maintes fois négligé de suivre le fil de leurs raisonnements pour fixer notre attention sur la figure de Chopin, qui se contractait imperceptiblement, alors que des sujets qui tiennent aux conditions premières de notre existence étaient débattus avec de si énergiques emportements, qu'on aurait pu croire que nos sorts allaient se décider instantanément (1). »

Eh bien, c'est là une situation fausse, pénible, qui, en se prolongeant, devient un

____

(1) *Frédéric Chopin*, par Franz Liszt. (*France musicale.*)

véritable supplice. Pourtant, en dépit de
tout, et malgré ses grandes tortures, la délicatesse, et, disons-le, l'affection, le re-
tenait encore dans ces liens douloureux.
Il craignait, en la quittant, de faire
retomber le blâme sur elle, de la livrer
au mépris. Ce sentiment d'une délicatesse
peu commune, un autre avant lui l'avait
déjà exprimé dans une circonstance à peu
près analogue. Alfred de Musset, lui aussi,
s'il faut en croire son frère Paul, aurait
éprouvé cette hésitation et cette crainte :
nouveau point de ressemblance entre ces
deux hommes éminents qu'un monde
sépare d'ailleurs sous bien d'autres rapports.

Cependant l'abîme se creusait chaque
jour davantage, mais il semblait que le
malade s'obstinât à fermer les yeux. On
eut recours, dit-on, pour les lui ouvrir, à

un moyen héroïque; c'est du moins ce que
raconte M. Karasowski, sur la foi du comte
Stanislas Tarnowski; nous leur en lais-
sons la responsabilité à tous deux.

George Sand imagine d'écrire un roman qu'elle intitule *Lucrezia Floriani*,
et dont voici sommairement le sujet :

Le prince Karol, homme d'un caractère
noble et sympathique, mais maladif, nerveux, fier, jaloux, s'est passionnément
épris de Lucrezia, artiste renommée, qui
ne se fait pas meilleure qu'elle n'est, mais
qui est pourtant meilleure que sa répu-
tation. Sa jeunesse est déjà passée; elle a
renoncé au monde et à l'amour, et ne vit
plus que pour ses enfants. L'amour ardent
du prince Karol se manifeste par une
maladie grave qui met ses jours en péril.
Lucrezia le soigne, le sauve, l'aime, mais
elle pressent que cette affection sera son

tourment, et elle cherche à s'y dérober. Cependant la passion de Karol s'exalte, sa vie est de nouveau menacée, Lucrezia se sacrifie et se consacre à lui. — Ici nous voyons reparaître l'éternel dada de madame Sand, la femme d'un certain âge abritant sa conduite sous l'apparence du sacrifice et d'une sollicitude maternelle... Deux mois de bonheur, puis le roman se prolonge à travers plusieurs années de querelles, de jalousies, de soupçons injustes, d'actes de démence et de désespoir. Lucrezia ne peut plus recevoir ses anciens amis, et les caresses qu'elle prodigue à ses enfants sont un horrible tourment pour Karol. Bref, Lucrezia, martyre volontaire, mais non résignée, meurt à bout de force et de courage.

A part cette catastrophe, il y avait là une peinture fort réelle, et les contemporains ne s'y trompèrent point : Karol leur apparut comme le portrait un peu forcé, mais pourtant ressemblant, de Chopin ; la Floriani prit tout naturellement le nom de madame Sand, et vraiment, en lisant cette histoire, un peu nauséabonde, il faut en convenir, on est frappé de la ressemblance entre les héros imaginaires et les acteurs réels du drame. On sent aussi combien les théories étalées à plaisir dans ce roman devaient blesser les susceptibilités de Chopin, et le révolter jusque dans les profondeurs de son âme. Mais ce n'est pas tout : on ajoute que par un raffinement de cruauté il fut chargé de corriger les épreuves, et que les enfants de madame Sand, montrant les feuillets, disaient : « Monsieur Chopin, savez-vous que c'est vous qu'on a peint sous le nom du prince Karol? »

Il va sans dire que madame Sand n'accepte pas l'odieux de cette conduite : elle proteste absolument, et je dois ajouter, car j'aime à être impartiale, que ses amis protestent avec elle. Madame Pauline Viardot, qui est de ce nombre, me disait avec vivacité, à propos du rôle prêté aux enfants, que jamais ils ne lisaient ce que leur mère écrivait. Du reste, il n'est que juste de laisser la parole à madame Sand sur ce sujet délicat :

« J'ai tracé dans le prince Karol le caractère d'un homme déterminé dans sa nature, exclusif dans ses sentiments, exclusif dans ses exigences. — Tel n'était pas Chopin. — D'ailleurs, le prince Karol n'est pas artiste. C'est un rêveur, et rien de plus; n'ayant pas de génie, il n'a pas les droits du génie..... et c'est si peu le portrait d'un grand artiste que Chopin, en lisant le manuscrit chaque jour sur mon bureau, n'avait pas eu la moindre velléité de s'y tromper, lui si soupçonneux pourtant !

« Et cependant, plus tard, par réaction, il se l'imagina, m'a-t-on dit. Des ennemis, — j'en avais auprès de lui qui se disaient des amis, comme si aigrir un cœur souffrant n'était pas un meurtre, — des ennemis lui firent croire que ce roman était une révélation de son caractère. Sans doute, à ce moment-là, sa mémoire était affaiblie : il avait oublié le livre ; que ne l'a-t-il relu (1) ! »

La rupture eut lieu, cruelle, définitive. A quoi bon chercher la cause déterminante ? On en a indiqué tant et de si diverses, parfois même de si honteuses, qu'il

____

(1) *Histoire de ma vie*, t. X.

faut détourner les yeux et garder le silence.
Le vase était plein, une goutte de fiel l'a
fait déborder, peu importe *comment*. Tout,
d'ailleurs, rendait la séparation inévitable :
et le passé de madame Sand, et le passé
de Chopin, et les principes de celui-ci, et
l'absence de principes et de convictions de
celle-là. Un seul point de contact avait pu
les attirer l'un vers l'autre, nous l'avons
dit ; il ne suffisait pas pour les unir à
jamais.

Franz Liszt a peut-être prononcé le vrai
mot de ces ruptures éclatantes dont la vie
de madame Sand est marquée, lorsqu'il
s'écrie : « Brune et olivâtre Lélia ! tu as
promené tes pas dans les lieux solitaires,
sombre comme Lara, déchirée comme
Manfred, rebelle comme Caïn, mais plus
farouche, plus impitoyable, plus inconsolable qu'eux, car il ne s'est pas trouvé

un cœur d'homme assez féminin pour t'aimer comme ils ont été aimés, pour payer à tes charmes virils l'hommage d'une soumission confiante et aveugle, d'un dévouement muet et ardent; pour laisser protéger ses obéissances par ta force d'amazone (1)! »

Chopin, brisé par l'effort, retomba sur son lit de malade et n'en sortit que grâce aux soins dévoués de quelques amis et de son élève favori Gutmann. Mais que de ravages opérés par cette suprême épreuve! Il reparut méconnaissable aux yeux de ses fidèles, et sa santé, quoique rétablie en apparence, resta chancelante comme sa volonté.

Le séjour de Paris, par bien des motifs

---

(1) *Frédéric Chopin*, par Franz Liszt. (*France musicale*, 29 juin 1851.)

facilement compréhensibles, lui devint odieux; il résolut de mettre à exécution le projet souvent formé et toujours différé d'aller en Angleterre. Parmi ses élèves étrangères, une Écossaise, miss Stirling, le pressait depuis longtemps de faire le voyage d'Écosse; il jugea que le moment était venu d'accepter cette invitation.

Mais avant de partir, il voulut prendre congé de la société parisienne par un concert que J. Janin annonçait ainsi dans son feuilleton du 14 février 1848 : « Un mot encore sans plus : M. Chopin donne son concert mardi prochain. Mais ce n'est pas, tant s'en faut, un adieu, un départ, une halte à la campagne. M. Chopin reste à Paris, le séjour de sa renommée et de son repos (1). »

----

(1) *Journal des Débats*, 14 février 1848.

J. Janin se trompait, c'était bien un adieu, et un adieu définitif, car il ne devait plus se faire entendre en public à Paris ni même y goûter le repos, et ce concert, qui réunit salle Pleyel un nombreux auditoire et souleva un vif enthousiasme, fut son dernier triomphe : il versa un peu de baume sur ses blessures encore saignantes.

Malheureusement, on touchait aux événements de 1848 : quelques jours encore, et la révolution de Février s'accomplissait. Chopin n'avait rencontré que bienveillance de la part de la famille d'Orléans; il déplora sa chute et s'en affecta. L'espoir promptement déchu de voir la Pologne sortir du tombeau à la faveur de ces mouvements populaires, en achevant de le décourager, n'était pas fait pour le réconcilier avec l'état de choses qu'on cherchait à inaugurer. Son départ fut définitivement arrêté. Mais avant de l'effectuer, une dernière épreuve l'attendait encore.

Ici se place un épisode raconté par M. Karasowski, et que nous reproduisons sous sa responsabilité; ce que nous avons dit ailleurs peut expliquer notre réserve.

Vers la fin de mars, une invitation de soirée entraîna Chopin presque involontairement chez une dame où il avait été jadis souvent et avec plaisir. Quand il entra dans le salon de madame H..., on s'entretenait de lui, de son jeu merveilleux, des réunions artistiques de Nohant. On disait même que madame Sand lui devait ses meilleurs romans, parce que, écrivant sous le charme de ses improvisations, elle retrouvait l'inspiration que le manque de plan ou la confusion de deux plans à la fois lui faisait souvent perdre. Tandis qu'on causait ainsi, une dame, dont personne n'avait remarqué la présence, écoutait, émue, et des larmes brillaient dans ses yeux magnifiques. Elle s'était retirée derrière un paravent de lierre, abritée contre tous les regards, excepté contre ceux de la maîtresse de la maison qui respectait son incognito. Quand les salons se furent remplis, elle quitta sa retraite, et de son pas flottant s'avança vers Chopin, la main tendue comme pour une réconciliation, et murmura à son oreille : « Frédéric! » Il tressaillit; une pâleur mortelle se répandit sur son visage amaigri; son regard croisa le regard repentant de celle qu'il n'avait pas revue depuis leur séparation; il se détourna et quitta le salon...

Voici comment madame Sand parle de cette dernière entrevue : « Je le revis un instant en mars 1848. Je serrai sa main tremblante et glacée. Je voulus lui parler, il s'échappa. C'était à mon tour de dire qu'il ne m'aimait plus. Je lui épargnai cette souffrance, et je remis tout aux mains de la Providence et de l'avenir.

« Je ne devais plus le revoir. Il y avait de mauvais cœurs entre nous. Il y en eut de bons aussi, qui ne surent pas s'y prendre (1). »

A la fin d'avril, Chopin partait pour Londres. Il y fut présenté à la reine Victoria, joua à la cour et devint bientôt de la part des premières familles du royaume l'objet d'un empressement flatteur. Mais la vie de salon, avec ses fatigues et ses veilles prolongées, ne tarda pas à agir d'une façon fâcheuse sur sa santé. Les mé-

____

(1) *Histoire de ma vie*, t. **X**.

decins recommandèrent le repos ; il crut le trouver en Écosse et s'y rendit : là, d'autres inconvénients l'attendaient. Le climat, plus froid et plus brumeux encore que celui de l'Angleterre, produisit un effet déplorable sur ses nerfs et le replongea dans ces dispositions mélancoliques, dans ces noires pensées auxquelles il avait déjà été en proie quelques années auparavant : l'Écosse lui devint insupportable.

« J'ai joué dans un concert à Glascow, devant toute la haute volée, écrivait-il à Grzymala. Aujourd'hui je suis très-abattu ; oh ! ce brouillard ! Devant ma fenêtre, où je t'écris, j'ai la plus belle vue du château de Stirling : des montagnes, des lacs, un parc ravissant ; en un mot, un des plus beaux points de vue de l'Écosse ; mais je n'en aperçois quelque chose qu'à travers le brouillard, et encore bien rarement...

« Si je te fais grâce de mes jérémiades, ce n'est pas parce que tu ne peux me consoler, mais parce que tu es le seul qui sache tout, et quand une fois je commence à me plaindre, c'est sans fin et toujours sur le même ton ; ou plutôt, non, je me trompe, ce n'est pas sur le même ton, mais chaque jour plus bas.

« Je m'affaiblis ; je ne compose plus, non pas faute de le vouloir, mais faute de le pouvoir. Que faire?... Du moins j'épargne quelque chose pour l'hiver. »

Dans une autre lettre il dit encore :

« Toute la matinée, je suis incapable de rien faire ; à peine habillé, je dois me reposer. Après dîner, il me faut rester deux heures à table avec les hommes, à entendre ce qu'ils disent et à voir ce qu'ils boivent. Je m'y ennuie à mourir : je m'efforce de penser à autre chose ; puis je vais au salon, où j'ai besoin de faire appel à toute mon énergie, car tout le monde est curieux de m'entendre. Après quoi, mon bon Daniel me porte dans ma chambre, me déshabille, me met au lit, et là, il m'est permis de respirer, de rêver jusqu'au lendemain où la même vie recommence. Ai-je fait quelque projet pour ma journée, il me faut y renoncer et monter en voiture, car mes Écossaises — avec les meilleures intentions du monde, il est vrai — ne me laissent aucun repos. Elles me traînent partout, pour me présenter à leurs nombreuses relations; elles me tueront à force de bonté, et je devrai encore leur en savoir gré. »

Cependant il va à Manchester, à un grand concert, où il doit jouer deux fois sans accompagnement d'orchestre; mais l'ennui et la lassitude l'y suivent. Aux

plaintes que lui arrache sa santé, se joi-
gnent les tristesses et les réminiscences
d'un temps qu'il ne peut oublier, et c'est
alors qu'il est tenté de maudire la cause de
ses maux, tout en ajoutant, sous forme de
palliatif : « Mais on souffre aussi là-bas,
et même on souffre davantage, car on
vieillit chaque jour dans la malignité. »
Ailleurs il dit : « A la maison, on se
tourmente en vain pour moi, je ne puis
devenir plus triste ; mais je ne puis non
plus me réjouir. Je n'ai de sentiment
pour rien ; je végète et j'attends ma fin
patiemment. »

Enfin il annonce son départ : « Jeudi je
quitte Londres, l'horrible ville... Dis à
Pleyel qu'il envoie chez moi un piano ;
fais-le couvrir et achète un bouquet de
violettes afin de parfumer le salon. » —
C'était un besoin pour Chopin d'avoir des

fleurs, surtout des violettes. — « J'aimerais trouver à mon retour un peu de poésie dans mon appartement, dans ma chambre à coucher, où probablement je serai condamné à demeurer longtemps. Ainsi donc, vendredi soir j'espère être à Paris; un jour de plus ici, et je deviendrais fou. Mes Écossaises sont bonnes, mais si ennuyeuses, bon Dieu! Elles se sont tant occupées de moi que je ne puis m'en débarrasser facilement. » — Ceci ressemblerait à de l'ingratitude, si l'état d'irritation où le mettait la maladie n'expliquait et n'excusait les plaintes du pauvre Chopin. — « Fais épousseter et chauffer toutes les chambres; peut-être me remettrai-je. »

Avant de quitter Londres, en 1849, il donna un dernier concert au profit des émigrés polonais, terminant ainsi sa carrière, comme il l'avait commencée, par un acte de charité.

Rentré à Paris, le mieux dont il s'était vaguement flatté ne vint pas; au contraire, la mort d'un médecin, le docteur Molin, qu'il aimait et en qui il avait confiance, coïncidant avec son retour, détruisit tous les bons effets qu'il aurait pu en attendre. C'est vraiment alors que commença pour lui la lutte de la vie, ou plutôt de la fin de la vie, lutte suprême et d'autant plus cruelle que l'espérance ne vient point en adoucir les angoisses.

Heureusement de généreuses et délicates affections l'entouraient : ses amis, Grzymala, Franchomme... ses élèves, artistes ou grandes dames, Polonaises ou étrangères, rivalisaient pour lui de soins, d'attentions infinis. Dans le groupe de ses compatriotes, madame la princesse de

Beauvau, sa sœur, madame la comtesse Delphine Potocka, madame la princesse Marcelline Czartoryska, avec un cœur tout polonais et la grâce qui n'appartient qu'aux femmes de leur nation, apportaient au pauvre exilé l'illusion de la patrie. A l'une, madame la comtesse Delphine Potocka, il a été donné d'adoucir sa dernière heure par le charme de sa voix; à l'autre, madame la princesse Marcelline Czartoryska, de perpétuer le souvenir du génie du maître par la perfection exceptionnelle de son jeu. Dans le groupe des étrangères, madame la baronne Nathaniel de Rothschild, fidèle aux traditions de sa famille, adoucissait en 1849 les derniers jours de l'artiste, comme, en 1832, le baron de Rothschild avait favorisé ses premiers succès. Miss Stirling, dont on ne peut assez citer le dévouement sans borne, lui venait en aide avec une générosité toute princière, et devait garder jusqu'à la mort le respect et l'amour de sa mémoire. D'autres noms mériteraient sans doute de figurer dans cette *liste d'or* des nobles cœurs; ne pouvant tout citer, nous nous bornerons à ceux-ci.

Pour ménager au pauvre malade un peu de calme et d'air pur, ses amis l'installèrent à Chaillot, au milieu d'un jardin, dans un appartement agréable dont on lui dissimula le véritable prix, que des mains discrètes se chargèrent d'acquitter. Cependant, ce bien-être relatif, cette halte sur la voie douloureuse, ne suffisaient pas à rendre la sécurité à son esprit. Il sentait profondément tout ce que sa position avait de précaire et confiait à ses intimes l'inquiétude qui achevait de dévorer sa vie. C'est alors que miss Stirling intervint. Un de ces intimes prit sur lui de l'informer de la douloureuse situation de Chopin. Il n'eut pas besoin de faire un long appel à ses sentiments. A peine eut-elle compris le véritable état des choses, que sa main s'ouvrit avec empressement pour laisser tomber dans celle du solliciteur officieux vingt-cinq billets de mille francs, à la seule condition d'en cacher la provenance. Heureux de son succès, celui-ci plaça les précieux petits papiers sous enveloppe et courut aussitôt les remettre à la portière de Chopin en lui recommandant de rendre immédiatement le paquet à son adresse.

Voilà donc une éclaircie dans ce ciel assombri, et les amis rassurés respirèrent plus librement. — « Mais quelle ne fut pas ma surprise, me dit M. Franchomme, dont je tiens ce récit, quand quelque temps après j'entendis Chopin me renouveler ses plaintes et parler de sa détresse en termes de plus en plus poignants. N'y tenant plus, et ne comprenant rien à ce qui se passait, je lui dis enfin : « Mais, « mon pauvre ami, tu n'as pas besoin de « te tourmenter, tu peux attendre le « retour de ta santé, tu as de l'argent « maintenant! — Moi, de l'argent! s'écrie « Chopin; je n'ai rien. — Comment! et « ces vingt-cinq mille francs que l'on « t'a remis dernièrement? — Vingt-cinq « mille francs? Où sont-ils? qui me les a « remis? Je n'ai pas touché un sou! — « Ah! par exemple, voilà qui est trop « fort! » Grand émoi parmi les amis. Il était évident que l'argent confié à la portière n'était pas arrivé à sa destination; mais comment s'en assurer? et qu'était-il devenu? Ici se présente un fait assez curieux, comme s'il fallait qu'un peu de merveilleux

11.

se mêlât toujours aux choses de Chopin. Paris possédait dans ce temps-là un somnambule fort couru, le célèbre Alexis; on imagina d'aller le consulter. Mais pour en tirer quelque renseignement, il fallait le mettre en rapport, directement ou indirectement, avec la personne soupçonnée. Or, cette personne, c'était naturellement la portière. Par ruse, ou par adresse, on s'empara d'une petite cravate qu'elle portait au cou, et on la plaça entre les mains du *clairvoyant*. Celui-ci déclara sans hésiter que les vingt-cinq mille francs étaient derrière la glace, dans la loge. Aussitôt l'ami qui les avait apportés se présente pour les réclamer; et notre soigneuse portière, craignant sans doute les suites d'une séquestration trop prolongée, tira le paquet de dessous la pendule, et le lui tendit en disant : « Eh bien, la v'là, vot' lettre! »

Ainsi se termina cet épisode curieux, qui nous a paru valoir la peine d'être raconté tout au long (1).

Mais le secret une fois divulgué, les choses devaient se modifier forcément.

Chopin, informé de la vérité, refusa d'accepter une si grande munificence. Une lutte s'éleva entre la donatrice et l'obligé, lutte toute de désintéressement des deux parts : l'un se défendant d'accepter, l'autre de reprendre ce qui avait été donné. Le débat se termina enfin par une transaction : Chopin consentit à garder douze mille francs à titre de prêt; miss Stirling reprit le reste. Ce reste, d'ailleurs, ne demeura pas longtemps entre les mains de

---

(1) Cette version diffère beaucoup de celle que nous avons donnée dans un précédent travail (*Correspondant*, 10 février 1879); mais comme nous la croyons la seule vraie, nous l'adoptons définitivement.

la généreuse Écossaise. A la mort du maître, ce fut elle qui se chargea des frais des
funérailles, qui racheta son mobilier, dont
elle garda la plus grande partie, mais dont
elle distribua à titre de souvenirs des reli-
ques que les fidèles conservent avec véné-
ration. « Tenez, en voici une », me disait le
célèbre violoncelliste avec émotion, en me
montrant un joli vase plein de fleurs placé
sur une console. Quelques jours auparavant, mademoiselle Meara (madame Dubois) me montrait de son côté un vase en
cristal rose de Bohême, en me disant : « Cela
vient de lui. »

Quant au gros du mobilier, nous dirons
plus tard ce qu'il en est advenu.

Au mois d'août, Titus Voyciechowski,
n'ayant pu obtenir un passe-port pour Paris, se rendait à Ostende dans l'espoir d'y
voir son ami ; mais la faiblesse était trop

grande pour que Chopin pût entreprendre
ce voyage. Il écrivait le 12 septembre :
« Je suis au lit la moitié du temps... Tu
aurais près de moi de longues heures d'ennui et de désappointement, mais aussi,
peut-être, des heures de consolation et de
bons souvenirs de jeunesse, et je voudrais
que le temps de notre réunion fût un temps
de bonheur. » Cette réunion tant souhai-
tée ne put pas avoir lieu. Le mal marchait
alors à grands pas, et bientôt le malade ne
dut plus guère se faire illusion. Il ne craignait pas la mort, et même il semblait
plutôt la désirer. Dans les rares intervalles
où la souffrance lui laissait quelque répit,
il s'entretenait de sa fin avec beaucoup de
calme; c'est alors qu'il exprima le vœu
d'être enterré au cimetière du Père-Lachaise à côté de Bellini, avec qui il avait
été lié de 1833 à 1835.

Cependant sa famille avertie conçut de justes craintes. Sa sœur Louise arriva dans les premiers jours d'octobre. C'était la seconde fois qu'elle venait le soigner; mais en 1844 elle l'avait guéri, et elle était allée ensuite passer quelques semaines avec lui à Nohant; en 1849, elle comprit au premier coup d'œil que ses soins resteraient inefficaces. Sa fille et son mari l'accompagnaient.

Comme il arrive souvent aux malades, et surtout aux malades souffrants de la poitrine, Chopin, par moments, espérait encore. Son appartement du square Saint-Lazare n'ayant plus probablement pour lui que des souvenirs pénibles, il s'en était fait retenir un autre place Vendôme; c'est là qu'il allait mourir. Quelques jours se passèrent ainsi, jours douloureux, pleins de menaces et de symptômes alarmants, pendant lesquels sa sœur ne le quitta pas d'une minute.

Le dimanche 15 octobre, les souffrances redoublèrent d'intensité. Ses amis, ses fidèles, accourus de toutes parts, se pressaient dans la chambre voisine de la sienne, pour lui dire un éternel adieu. Le malade gisait dans son lit, la tête appuyée sur l'épaule de son élève Gutmann. Soudain la porte s'ouvrit, et la comtesse Delphine Potocka entra. Absente de Paris, elle y était revenue en grande hâte sur la nouvelle de son danger. Quand Chopin la vit près de son lit, à côté de sa sœur, le visage inondé de larmes, il eut comme un réveil, et la pria tout bas, car déjà sa voix s'éteignait, de lui chanter quelques-unes de ces choses qu'elle chantait si bien. Par un effort puissant, la comtesse comprima ses larmes, et d'une voix vibrante et pure elle chanta, non pas l'*Hymne à la Vierge* de Stradella, non pas un psaume de Marcello, comme on l'a dit par erreur, mais un air de la *Beatrice di Tenda*, de Bellini, que Chopin aimait tout particulièrement, et qui, pour un moment, sembla l'arracher à la stupeur mortelle où il était plongé (1). Ceci se passait le soir.

---

(1) Ici encore un mot d'explication est nécessaire. Dans le *Correspondant* du 10 février 1879, nous avons rapporté cette scène d'une manière différente sur la foi de M. Karasowski. Depuis, grâce à des renseignements puisés aux sources les plus authentiques, nous avons reconnu l'erreur où nous nous étions laissé entraîner, et nous croyons devoir modifier notre récit dans le sens de la réalité. Ce n'est pas sans regret que nous renonçons à la version primitive, plus poétique, plus pathétique, mieux *arrangée*; mais nous cherchons avant tout la vérité, et nous nous en contentons, persuadée que « le vrai seul est aimable ».

Du reste, les imaginations se sont donné libre carrière sur les derniers moments de l'artiste. La peinture même s'en est emparée, faisant jouer aux principaux témoins de ces scènes douloureuses un rôle plus ou moins exact, et contribuant ainsi à propager certaines erreurs, au grand déplaisir des intéressés ou de leur famille.

Le lendemain il était mieux ; il reçut les sacrements. Un prêtre, l'abbé Alexandre Jelowicki, son compatriote et son ami, à raconté comment le mourant fut amené a ce grand acte, dont l'irréligion de son entourage pendant les dernières années de sa vie aurait pu le détourner. Ce n'est, en effet, qu'après de longues hésitations de sa part et de vives instances de la part du prêtre qu'il s'y décida.

« Alors, écrit celui-ci, j'éprouvai une joie inexprimable, mêlée d'une angoisse indescriptible. Comment devais-je recevoir cette chère âme pour la donner à Dieu ? Je tombai à genoux et je criai vers Dieu de toute l'énergie de ma foi : « Recevez-la vous seul, « ô mon Dieu ! » Et je tendis à Chopin l'image du Sauveur crucifié, en la lui serrant fortement dans ses deux mains sans mot dire. De ses yeux tombèrent alors

de grosses larmes. « Crois-tu ? lui deman-
« dais-je. — Je crois ! — Crois-tu comme ta
« mère te l'a enseigné ? — Comme ma mère
« me l'a enseigné », répondit-il encore. Et
les yeux fixés sur l'image de son Sauveur,
il se confessa en versant des torrents de
larmes. Puis il reçut le saint Viatique et
le sacrement de l'Extrême-Onction, qu'il
réclama lui-même. Après un instant, il
voulut qu'on donnât au sacristain vingt
fois plus qu'on ne lui donne d'ordinaire.
Comme je lui faisais observer que ce serait
beaucoup trop : « Non, non, répliqua-t-il,
« ce n'est pas trop, car ce que j'ai reçu n'a
« pas de prix. » De ce moment, par la
grâce de Dieu, ou plutôt sous la main de
Dieu lui-même, il devint tout autre, et
l'on pourrait presque dire qu'il devint un
saint.

« En ce même jour commença l'agonie,

qui dura quatre jours et quatre nuits. Sa patience et sa résignation à la volonté de Dieu ne l'abandonnèrent pas jusqu'à la dernière minute..... »

Madame Sand n'assistait point à ses derniers moments ; qu'y aurait-elle fait, hélas ! La mort déchire les voiles et détruit les illusions. L'âme pieuse et résignée n'aurait trouvé ni appui ni consolation dans l'âme rebelle envahie par l'orgueil et les passions. L'abîme mystérieux, insondable qui les séparait désormais leur serait apparu dans toute sa désespérante horreur.

Quelques heures après la mort, le visage avait repris une douce sérénité et une grande expression de jeunesse. Le lit sur lequel reposait le corps avait été couvert de fleurs par ses amis, qui connaissaient son culte pour ces fragiles beautés de la nature. Selon une coutume nationale.

il était revêtu de ses habits de fête, c'est-
à-dire de ceux qu'il portait à ses derniers
concerts et qu'il avait désignés lui-même,
suprême hommage rendu à l'art aimé et
honoré par lui toute sa vie. Le sculpteur
Clesinger moula ses traits; il devait plus
tard les sculpter en marbre pour son
tombeau.

Enfin, le 30 octobre, les funérailles
eurent lieu dans l'église de la Madeleine.
La constante admiration de l'artiste pour
Mozart lui avait fait exprimer à ses derniers
moments le désir que l'immortel *Requiem*
fût exécuté à cette funèbre cérémonie.
Une difficulté semblait rendre ce désir
irréalisable; elle fut levée par l'archevêque de Paris, grâce à l'intervention active
de l'abbé Deguerry : les choristes femmes
purent figurer dans la cérémonie, ce qui
jusqu'alors leur avait été interdit. Mes-

dames Viardot et Castellan, MM. Lablache et Alexis Dupont chantaient les soli; G. Meyerbeer dirigeait l'ensemble.

Jamais celle qui écrit ces lignes n'oubliera l'émotion qu'elle éprouva au moment où le corps se présentant à la porte de l'église, l'orgue, tenu par Lefébure-Wély, fit entendre les premières notes de la marche funèbre composée par Chopin lui-même (*Sonate, op.* 35). Un frémissement parcourut l'auditoire d'élite qui remplissait l'édifice, et plus d'une larme mouilla des yeux qui, depuis lors, se sont éteints à leur tour. La mort n'épargne rien.

Quand le *De profundis* eut été chanté par Alexis Dupont avec une rare perfection, le cortége se mit en marche le long des boulevards, les cordons du char funèbre tenus par MM. Franchomme, Eugène

Delacroix, Meyerber, le prince Czarto-
ryski.

La première terre qu'on sema sur le
cercueil, une fois descendu dans la tombe,
fut cette terre polonaise que, dix-huit ans
auparavant, le maître avait emportée
avec lui en quittant sa patrie. Il l'avait
toujours conservée avec amour, et l'une de
ses dernières prières en mourant à l'étranger avait été que ce peu de terre natale
recouvrît au moins ses restes.

Il existe au cimetière du Père-Lachaise
une division surnommée, je crois, le coin
des poëtes, et qu'on pourrait tout aussi bien
appeler le coin des musiciens, tant ils y
sont nombreux et pressés. Au printemps,
le rossignol et la fauvette, ces chantres de
la jeunesse et du renouveau, élèvent leur
voix près de ces autres chantres, endormis
dans la mort, et qui ont ravi, eux aussi,

pendant leur vie l'oreille des foules enthousiastes. Là, sous des ombrages épais, dans un enchevêtrement d'arbres, de fleurs, d'arbustes au feuillage varié, repose le maître polonais au milieu de ses pairs, tout près de Cherubini et non loin de Bellini, de Boïeldieu, de Grétry (1)... Sur le devant de son tombeau, un médaillon en marbre blanc reproduit son profil, accompagné de ces mots : *A Frédéric Chopin, ses amis.* Au-dessus, la Muse de la musique, assise, éplorée, tient dans sa main une lyre renversée. En comparant ce mausolée tout païen à celui de Bellini, où un ange aux ailes repliées semble attendre l'âme qu'il doit emporter au ciel, on regrette l'absence de la pensée chré-

---

(1) Bellini n'est plus au Père-Lachaise. Sur la demande des Siciliens, ses compatriotes, il a été exhumé et rendu à sa patrie.

tienne, et ce symbolisme d'espérance, si bien placé sur la tombe de ceux qui s'endorment dans le Seigneur.

En accomplissement d'un autre vœu de Chopin, tandis qu'on déposait son corps au Père-Lachaise, son cœur était transporté à Varsovie et placé dans l'église de Sainte-Croix (1).

---

(1) Au moment où nous achevons ce travail, nous apprenons qu'on se prépare à élever dans cette église le buste de celui qui a jeté un si vif éclat sur son pays natal. Hommage tardif bien mérité.

CHAPITRE VI

L'émotion suscitée par la mort de Frédéric Chopin dans le monde artistique se traduisit par quelques articles, en petit nombre, publiés dans les journaux politiques et les revues musicales du temps. La situation troublée de cette époque, en absorbant l'attention générale, la détournait des sujets qui, en d'autres moments, l'eussent émue et captivée; car, c'est chose triste à dire, Chopin, qui, en **1831**, était arrivé à Paris en plein mouvement populaire, mourait à Paris en **1849**, au milieu d'un nouveau mouvement révolutionnaire non moins accentué. — Un seul parmi ces articles nous semble sortir de la banalité des phrases toutes faites, et éviter les erreurs dont les autres ne sont pas exempts: c'est celui de Berlioz, publié dans le *Journal des Débats* du **27** octobre **1849**, où il apprécie en quelques mots rapides les compositions du maître.

Malgré le produit considérable de ses œuvres et des leçons qu'il donnait, Chopin mourait pauvre : il aimait la vie élégante, et il avait le cœur généreux; les malheureux Polonais émigrés auraient pu dire, de science certaine, où sa fortune avait passé. Tout son héritage se composait du mobilier de ses deux salons, offrandes délicates de ses élèves. C'est ici qu'il convient de rapporter brièvement l'histoire de ces objets, dont il semble que rien ne dût être vulgaire, ni l'origine ni la fin.

Nous avons déjà dit que miss Stirling ne voulut pas en permettre la dispersion. Au moment où ils furent mis en vente, elle s'en rendit acquéreur et les fit transporter en Écosse, où elle en forma une sorte de musée qu'elle appela le *Musée Chopin*. Mais quelques années plus tard miss Stirling mourut à son tour, et, par son testament, elle légua à la mère de son maître vénéré le *Musée*, lequel arriva à Varsovie en 1838, et fut conservé par madame Chopin jusqu'en 1861, époque de sa propre mort. Les objets qui le composaient passèrent alors entre les mains de sa dernière fille survivante, et c'est chez elle qu'un sort vraiment tragique les attendait. Cette fille, madame Isabella Barcinska, habitait le second étage d'une maison appartenant au comte André Zamoyski, et située sur les limites de ce qu'on appelle à Varsovie le faubourg de Cracovie et le Nouveau-Monde, deux des principales voies de cette ville, et qui en forment le plus beau quartier.

Les troubles de l'année 1863 éclatèrent, et le 19 septembre, à six heures du soir, un coup de feu tiré contre le comte de Berg, lieutenant général de l'empereur de Russie en Pologne, partit du quatrième étage de cette maison, suivi de quelques bombes Orsini. Aussitôt une soldatesque en furie s'élance dans les escaliers, fouille les appartements, arrête les habitants, casse, brise, précipite dans la rue tout ce qu'elle rencontre sous sa main, et en fait un auto-da-fé. Le *Musée Chopin*, qui, outre un beau piano de Pleyel, renfermait aussi le piano sur lequel il avait frappé ses premiers accords, ses livres, son portrait peint par Ary Scheffer, et, perte plus grande encore, ses lettres à sa famille, devint la proie des flammes. C'est ainsi que la plus grande partie de sa correspondance avec les siens, à dater de son séjour à Paris, a été mise à néant.

. . . .

Heureusement le grand artiste laissait après lui un autre héritage, que la gravure et l'impression s'étaient chargées de préserver des atteintes du temps et des révolutions. C'est sur ce trésor de sa pensée que nous devons jeter un dernier regard avant de clore ce livre.

Chopin, en mourant, léguait à la postérité soixante-quatorze numéros d'œuvres authentiques, dont neuf posthumes, sans compter bon nombre de compositions

12.

diverses, non numérotées, répandues un peu partout en Pologne, et d'une authenticité contestable.

Toutes ces œuvres sont écrites pour le piano. Certains esprits peu éclairés ont voulu y voir une sorte d'infériorité; mais en se bornant à ce cadre restreint et exclusif, il n'a que mieux prouvé aux véritables connaisseurs qu'il possédait la juste appréciation de la forme dans laquelle il devait exceller. C'est le secret des supériorités réelles.

Ses morceaux de début, *Études*, *Préludes*, resteront, malgré leurs titres modestes, des types de perfection dans ce genre, qu'il a créé et qui relève, comme toutes ses œuvres, du caractère de son génie poétique. Ils ont le grand charme de la jeunesse, charme irrésistible comme elle, et qu'on ne retrouve plus quand elle a

disparu. Berlioz a dit de ces *Études* pour
le piano : « Ce sont des chefs-d'œuvre où
se trouvent concentrées les qualités émi-
nentes de sa manière et ses plus rayon-
nantes inspirations (1) .»

Ses *Polonaises* portent, elles aussi, son
cachet incontestable, en même temps
qu'elles reproduisent bien le caractère de
l'ancienne Pologne. « Elles ont, dit Liszt,
un accent simple et fier où l'on ne retrouve
rien de la musique maniérée et affadie des
salons. » Ajoutons-y une dignité recueillie,
presque triste, qui fait concevoir au plus
haut point l'idée de la beauté dans la
majesté. Malheureusement leur extrême
difficulté les met hors de la portée de
beaucoup d'exécutants. Il nous a été
donné tout dernièrement d'entendre une

____

(1) *Journal des Débats*, **27** octobre **1849**.

de ces *Polonaises*, exécutée par madame la princesse Marcelline Czartoryska, et nous ne saurions dire avec quelle perfection l'œuvre du compositeur slave était interprétée par cette noble descendante de la grande aristocratie polonaise. Une Allemande, une Française, quelque bien douée qu'elle fût, aurait-elle joué ainsi?

Ses *Mazurkas* sont des chefs-d'œuvre de grâce et de sentiment. Tout en conservant le rhythme des thèmes originaux, il en a ennobli la mélodie, agrandi les proportions, idéalisé les types. Franz Liszt s'étend très-longuement sur ce genre de composition, où il réunit dans une admiration enthousiaste, et la musique, et la danse, et la femme polonaise telles qu'il les a contemplées et admirées : c'est du lyrisme. On a dit de madame Sand qu'elle avait découvert Venise, tant les descriptions qu'elle en a faites présentent cette reine des lagunes sous un jour ravissant et nouveau; on serait tenté de dire aussi que Franz Liszt a découvert la *mazurka*, tant il y voit de beautés, tant il y signale de charmes restés cachés à d'autres yeux. Du reste, Chopin cultivait la musique de danse avec une prédilection marquée : polonaises, mazurkas, krakoviennes, valses, tarentelles, il a tout abordé et réussi partout; mais c'est dans les deux premières qu'il a excellé (1).

Ses *Ballades* peuvent compter parmi ses œuvres les plus originales, si originales même que plus d'un critique de profession

---

(1) La *polonaise*, rangée parmi les danses, n'est, à proprement parler, qu'une marche, un défilé, où des couples se succèdent en mesure et à pas lents. Le mouvement glissant de la polonaise comporte beaucoup de dignité et de gravité. Son origine est historique. A l'avénement de Henri d'Anjou au trône de Pologne (1573), les représentants de la

éprouvait dans le principe un certain embarras à les classer, traitant les unes de rondos, les autres de fantaisies poétiques. Il n'est pas jusqu'à Schumann qui, non moins embarrassé que les autres, ne crût devoir demander au maître ce qu'il fallait en penser. Celui-ci répondit simplement qu'il en avait pris l'idée dans quelques poésies de Mickiewicz d'où étaient sortis la forme et le nom.

Même dans les genres où l'ont devancé d'illustres prédécesseurs, dans ses *Scherzos,* par exemple, il trouve encore moyen d'être si parfaitement lui, si *genial,* comme disent les Allemands, que ces petits mor-

nation, rassemblés l'année suivante à Cracovie, furent admis au château et défilèrent devant le roi avec leurs épouses. Cet usage se reproduisit à chaque avénement d'un prince étranger, et passa dans les habitudes du cérémonial d'une fête. Aujourd'hui encore la polonaise est l'ouverture obligée de tout grand bal.

ceaux, avec la forme indépendante qu'il leur a donnée, en les traitant comme un *tout* et non comme une *partie,* sont encore aujourd'hui aussi jeunes qu'il y a quarante ans.

La même remarque peut s'appliquer à ses *Nocturnes,* dont Field, le premier, avait créé le genre en leur communiquant l'élément mélancolique de sa nature poétique et tendre, et où lui, Chopin, introduisit l'élément dramatique avec une grande richesse d'harmonie et des effets de clavier entièrement neufs.

Disons avec Franz Liszt, et pour nous résumer en quelques mots, que partout, dans ses compositions les plus courtes aussi bien que les plus considérables, le maître polonais a exprimé la sensibilité, la finesse, la grâce et l'énergie qui donnent à toutes ses productions une vie intense, toujours une et semblable, parce que c'est sa propre vie à lui.

« Dans chaque ballade, dans chaque valse, dans chaque étude de Chopin, comme dans chacun des morceaux qui viennent d'être nommés, gît embaumée la mémoire d'une de ces fugitives poésies qu'il idéalise quelquefois jusqu'à en rendre les fibres si ténues et si friables, qu'elles ne paraissent plus appartenir à notre nature, mais se rapprocher du monde féerique, et nous dévoiler les indiscrètes confidences des péris, des Titania, des Ariel, des reine Mab, de tous les génies des airs, des eaux et des flammes, sujets, eux aussi, aux plus amers mécomptes et aux plus insupportables dégoûts.

« Tantôt ces pièces sont fantastiques et joyeuses, comme les trépignements de

quelque sylphide amoureusement taquine;
tantôt veloutées et chatoyantes, comme la
robe d'une salamandre; tantôt profondément découragées..... D'autres fois,
elles s'imprègnent d'une désespérance si
morne, si inconsolable, qu'on ne saurait la
comparer qu'à l'abattement suprême de
Jacopo Foscari, ne pouvant survivre à
l'exil. Il en est comme des spasmes de san-
glots étouffés; il en est aussi de spirituel-
les et de narquoises, dans lesquelles les
touches naïves du clavier sont exclusive-
ment attaquées, et qui font souvenir de la
gaieté de Chopin, qui, aussi, n'attaquait
que les touches supérieures de l'esprit,
amoureux d'atticisme qu'il était, reculant
devant la vulgaire jovialité, le rire gros-
sier, le brutal enjouement, comme devant
ces animaux plus abjects encore que veni-
meux dont la vue cause les plus nauséa-

bonds éloignements à certaines natures sensitives et douillettes (1). »

Madame Sand a dit à peu près la même chose, mais dans une langue plus énergique et plus nette.

« Son génie était plein des mystérieuses harmonies de la nature, traduites par des équivalents sublimes dans sa pensée musicale, et non par une répétition servile des sons extérieurs..... Il avait eu quelquefois des idées riantes et toutes rondes dans sa jeunesse. Il a fait des chansons inédites d'une charmante bonhomie ou d'une adorable douceur. Quelques-unes de ses compositions sont encore comme des sources de cristal où se mire un clair soleil. Mais qu'elles sont rares et courtes

---

(1) *F. Chopin,* par F. Liszt. (*France musicale,* 9 mars 1851)

ces tranquilles extases de sa contempla-
tion! Le chant de l'alouette dans le
ciel, et le moelleux frottement du cygne
sur les eaux immobiles, sont pour lui
comme les éclairs de la beauté dans la
sérénité (1). »

Chopin a laissé seize chansons dont
parle madame Sand, écrites de 1824 à
1844 sous l'impression du moment. Trou-
vait-il dans les poésies nationales contem-
poraines quelque jolie pièce, il la mettait
en musique, non pour le public, mais
pour sa propre satisfaction. Beaucoup
ont été perdues; d'autres qui, quoique
sans nom d'auteur, lui ont été attribuées,
sont populaires en Pologne, notamment
le 3 *Mai*. « Ce sont de simples fleurs sans
éclat, dit M. Karasowski, mais dont le

______

(1) *Histoire de ma vie*, t. X., p. 196.

suave parfum et la sensibilité douce réjouissent le cœur (1). »

Chopin compositeur était romantique ; il se rattachait à l'école dont Berlioz fut un des représentants les plus vaillants et les plus contestés. Mais il repoussait le côté échevelé et frénétique du romantisme. « L'élévation, la finesse de ses pensées, l'extrême travail de son style rapprochant ses écrits de ceux qui ont distingué la grande littérature du dix-septième siècle, il était naturel qu'il ne se complût que dans les œuvres remplies des mêmes qualités. Hummel, parmi les compositeurs de piano, était un des auteurs qu'il relisait avec le plus de plaisir, et Mozart représentait à ses yeux le type idéal, le poëte par excellence (2). »

(1) M. Karasowski, *Fréédric Chopin*, t. II, p. 162.
(2) F Liszt, *F. Chopin. (France musicale, 1ᵉʳ juin 1851.)*

Mais si les compositions de Chopin portaient un tel caractère d'inimitable originalité, que dire de son exécution?

Nous avons déjà vu ce qu'il a fait pour les *accords*. Moschelès nous a appris ce que devenait sous sa main ce mouvement *ralenti*, cette mesure pour ainsi dire *ad libitum* dont lui seul avait le secret, et qui gênait si fort le maître bohême. Liszt nous entretient à son tour d'une autre manière qu'il appelle *trépidation*, et qu'il décrit ainsi :

« Chopin, dans son exécution, rendait ravissamment cette trépidation par laquelle il faisait toujours onduler la mélodie, comme un esquif sur le sein de la vague puissante. Dans ses écrits, il indiqua d'abord cette manière, qui donnait un cachet si particulier à son jeu, par le mot *tempo rubato*, temps dérobé, entrecoupé, abrupte et souple à la fois, vacillante comme la flamme sous le souffle qui l'agite. Il cessa plus tard de l'ajouter dans ses publications, persuadé que si l'on en avait l'intelligence, il était impossible de ne pas deviner cette règle d'irrégularité. Aussi toutes ses pièces doivent-elles être jouées avec cette sorte de balancement accentué et prosodié dont il est difficile de saisir le secret si on ne l'a pas souvent entendu lui-même. »

Avis aux élèves qui veulent apprendre, et aux professeurs qui veulent enseigner à exécuter cette musique ; avis aussi à ceux qui, ayant été assez heureux pour entendre Chopin, éprouvent un désappointement si grand en ne reconnaissant plus sous d'autres doigts ce qu'ils ont tant admiré sous les siens ; ce que dit Franz Liszt peut leur servir d'explication.

De tout ce qui précède s'est formée une opinion presque généralement admise : elle fait de la musique du maître polonais un joyau à part, un diamant à mille facettes dont l'éclat, sans effacer celui des diamants classiques, jette partout des feux d'une vivacité plus imprévue et plus saisissante. La même opinion place l'exécution de ces chefs-d'œuvre hors de la portée des virtuoses ordinaires, et soutient que ceux-là seuls la comprennent comme elle doit l'être, qui ont entendu le maître, ou tout au moins certains de ses élèves les mieux doués. Cette manière de voir est-elle juste, et quand on l'émet, ne s'expose-t-on pas au reproche de *banalité?* C'est la pensée de madame la princesse Marcelline Czartoryska, laquelle s'élève avec beaucoup de force et une autorité incontestable assurément contre quiconque exprime la crainte de voir s'affaiblir la tradition de la manière du maître. « La tradition, s'écrie-t-elle, mais vous faites le plus grand tort à ses œuvres ! Vous les amoindrissez, vous en méconnaissez le caractère tout aussi universel que celui de la musique classique proprement dite ; vous faites de lui et de ses élèves une petite église condamnée à aller toujours en diminuant pour disparaître bientôt tout à fait. » Et avec une grâce ineffable, elle vous supplie de ne pas entretenir une pareille opinion, de vous laisser convertir à la sienne. Certes, on le voudrait bien, et l'argument est très-propre à faire naître des scrupules chez les admirateurs du maître. Pourtant, comment ne pas insister un peu ? comment ne pas lui dire qu'elle est sinon la seule, du moins presque la seule à l'interpréter comme il convient ? que si sous ses doigts les difficultés disparaissent pour ne laisser place qu'à l'expression vraie, c'est là une exception, et que l'exception confirme la règle? Mais on n'ose insister en présence de convictions si désintéressées et si noblement soutenues, et si l'on n'est pas tout à fait converti, du moins désire-t-on sincèrement de l'être.

Maintenant que nous avons entrevu Chopin compositeur et exécutant, essayons de le voir professeur.

Contrairement à la plupart des grands artistes, qui éprouvent pour l'enseignement une insurmontable répugnance, Chopin, nous l'avons déjà dit, aimait à donner des leçons, et il n'en faisait pas mystère, pouvu qu'il rencôntrât des élèves appliqués et intelligents. Ceux, ou plutôt celles qu'il préférait, nous le savons, et nous ne saurions nous en étonner, c'étaient ses compatriotes, plus finement douées, plus aptes à saisir sa méthode et à l'appliquer. Il n'en acceptait aucune, du reste, qui n'eût acquis d'avance un certain degré de connaissances techniques et pratiques, ce qui ne l'empêchait pas de les mettre à l'étude du *Gradus ad Parnassum* de Clementi. Il recherchait surtout la finesse et l'élégance du toucher; il appréciait avant tout les nuances mélodiques et la perfection artistique de la phrase. Quant au mécanisme de la main, il le voulait libre, indépendant, sûr de soi-même. Il comparait la main gauche à un maître de chapelle, jamais distrait ni hésitant. Les doigts, cela va sans dire, devaient ressembler à la main; c'est pourquoi il exerçait ses élèves à pratiquer les gammes majeures et mineures, *legato* et *staccato*, du *piano* au *fortissimo*. Ce travail, qu'il exigeait des autres, il le pratiquait lui-même avec assiduité. Devait-il donner un concert, il s'enfermait pendant quinze jours, non pour jouer sa propre musique, mais celle de Bach, sans trêve ni repos.

Il aimait à donner des leçons : pourtant, dans les dernières années de sa vie, cédant à l'irritation d'un système nerveux surexcité, il se fâchait souvent, et alors malheur aux intelligences paresseuses. Il jetait la musique par terre, et n'épargnait pas les paroles amères. Dans ces moments d'exaspération, il brisait une chaise, aussi bien qu'un crayon, de sa main délicate. Mais une larme venait-elle à tomber des yeux de la coupable, aussitôt il s'apaisait, et sa colère était éteinte. La rudesse du toucher l'agaçait tout particulièrement. Quand une note dure venait à frapper ses oreilles, il faisait un grand soubresaut et s'écriait : « Qu'est-ce donc que ce chien qui aboie là? » Il y était d'autant plus sensible que son toucher à lui-même était très-doux. Il plaçait horizontalement sur le clavier ses grands doigts minces, paraissant le caresser plutôt que le frapper. On se tromperait pourtant si l'on croyait que son jeu fût mou et efféminé. Il le devint peut-être quand la maladie l'eut affaibli; mais, dans sa jeunesse, il n'hésitait pas à attaquer son instrument avec énergie.

Le nombre de ses élèves a été considérable parmi les femmes du monde. Polonaises, celles-ci au premier rang, Russes, Françaises, Anglaises, Allemandes, recherchaient ses leçons avec un égal empressement, et s'efforçaient d'en profiter selon la mesure de leurs *moyens*.

Parmi les artistes qu'il a formés, quelques-uns ont déjà quitté ce monde : le jeune Hongrois *Filtsch*, sur lequel le maître avait fondé de grandes espérances, et qui le précéda au tombeau; Telefsen, Suédois, mort aussi depuis quelques années à Paris, où il donnait des leçons. Celui-là eut, dit-on, son chemin de Damas. Un jour, passant par une rue de Stockholm, les sons d'un piano le frappent; ce qu'il entend le ravit; il monte, il s'informe, il apprend que cette musique est d'un jeune compositeur polonais résidant à Paris. Dès lors il n'aspire qu'à se rendre près de lui. Mais il est pauvre... Qu'importe? Il part, et à force de volonté, de persévérance et d'*endurance,* comme disent les Anglais, il réussit à devenir l'élève de Chopin.

Quelques autres vivent encore et se

sont fait un nom : Gutmann, par exemple,
dont nous avons signalé le dévouement
pour son maître, et qui habite maintenant
l'Italie, croyons-nous; M. Georges Ma-
thias, professeur au Conservatoire de
Paris, ce qui indique l'estime où on le
tient; mademoiselle Meara, aujourd'hui
madame Dubois. Irlandaise de naissance,
elle vint toute jeune se placer sous la
direction du maître polonais, et grâce
aux affinités secrètes qui semblent exister
entre les deux races, elle en profita si
bien, qu'au jugement des personnes com-
pétentes, elle a acquis et gardé le
meilleur de sa méthode et de ses qualités
d'exécution. Du reste, elle annonça de
bonne heure ce qu'elle devait être plus
tard. Dès 1844, madame Émile de Girardin, sous le pseudonyme du vicomte de
Launay, saluait en termes enthousiastes

l'apparition de ce jeune talent. S'adressant à une pianiste dont elle vante le jeu élégant, elle lui dit :

« Mais... ô mademoiselle Cathinka de Dietz... tremblez! Votre gloire est menacée : voici venir une rivale terrible, d'autant plus effroyable qu'elle est ravissante! Regardez à l'horizon lointain; n'apercevez-vous pas une jeune fille à la taille svelte et flexible? Elle s'avance vers vous, l'air timide et les yeux baissés; son front pur est couronné de roses; ses traits fins sont à la fois nobles et délicats; son regard a ce charme inexprimable, cette limpidité, cette puissance, cette douceur, cette exceptionnelle beauté qu'on n'admire que chez les femmes de sa malheureuse patrie..... regard mystérieux que nous avons appelé le regard irlandais : c'est un mélange de tristesse et de sérénité, de

tendresse profonde et de dignité farouche,
que vous ne trouverez jamais dans les
orgueilleux et brillants regards qu'on
admire chez les femmes des autres nations. Que cette jeune fille est belle! que
sa tournure est élégante! que son maintien
est modeste!..... Cette charmante rivale
se nomme mademoiselle Camille Meara.
Nous l'avons entendue il y a quelques
jours; elle a joué avec une réelle supériorité le beau *Concerto* de Chopin *en mi
bémol*, elle a été applaudie avec enthousiasme. Tout ce que nous pouvons dire
pour vous donner une idée du jeu de mademoiselle Meara, c'est qu'il y a dans
son talent tout ce qu'il y a dans son regard,
de plus une admirable méthode et un
doigté excellent. Son succès a été complet :
en l'écoutant, des hommes d'État étaient
émus..... et les jeunes femmes, celles qui

sont bonnes musiciennes, lui pardonnaient d'être jolie (1)! »

Voilà, certes, un éloge complet : tout flatteur qu'il est, le temps l'a ratifié. Il ne nous a pas été donné de voir mademoiselle Meara dans sa fleur, mais seulement dans sa maturité; point n'est besoin d'ajouter que celle-ci a tenu tout ce que celle-là promettait. Madame Dubois voit toujours se presser autour d'elle l'élite des élèves du grand monde, que mademoiselle Meara avait su attirer, et qui viennent, comme leurs devancières, lui demander une exécution irréprochable des œuvres du maître.

Nous voici arrivée à la fin de notre tâche. L'avons-nous accomplie comme elle devait l'être? Avons-nous bien peint

(1) *Correspondance parisienne,* p. 483.

l'homme, son caractère aimable, ses goûts délicats, ses aspirations élevées, son cœur affectueux, qui le rendaient si cher à ses amis, si sympathique à tous?

Avons-nous bien mis en lumière cette figure d'artiste originale et inimitable? Avons-nous montré le rang qu'il a occupé dans l'opinion de ses contemporains, la place tout exceptionnelle qu'il a gardée comme compositeur et exécutant? Avons-nous fait comprendre, en un mot, comment il a mérité d'être proclamé un maître dans la véritable acception du mot?

Si nous y avons réussi, il ne nous reste plus qu'à souhaiter à ceux qui liront ce livre, les mêmes jouissances que celles que nous avons goûtées en l'écrivant.

Paris, 22 uin 1879.

CATALOGUE

DES

OEUVRES COMPLÈTES

DE

FRÉDÉRIC CHOPIN

---

8. — **PREMIER TRIO** (*sol* mineur), pour piano, violon et violoncelle.

9. — **TROIS NOCTURNES** (*si* ♭ mineur, *mi* ♭ majeur, *si* majeur).

10. — **DOUZE GRANDES ÉTUDES** (*ut* majeur, *la* mineur, *mi* ♭ majeur, *ut* ♯ mineur, *sol* ♭ majeur, *mi* ♭ mineur, *ut* majeur, *fa* majeur, *fa* mineur, *la* ♭ majeur, *mi* ♭ majeur, *ut* mineur).

11. — **GRAND CONCERTO** pour le piano (*mi* mineur) avec orchestre.

12. — **VARIATIONS BRILLANTES** (*si* ♭ majeur), pour le piano, sur le rondeau favori de Ludovic, de Hérold, « Je vends des scapulaires ».

13. — **GRANDE FANTAISIE** (*la* majeur), pour le piano, sur des airs polonais, avec orchestre.

14. — **KRAKOVIAK**, grand rondeau de concert (*fa* majeur), pour le piano, avec orchestre.

15. — **TROIS NOCTURNES** (*fa* majeur, *fa* ♯ majeur, *sol* mineur), pour le piano.

16. — **RONDEAU** (*mi* ♭ majeur).

17. — **QUATRE MAZURKAS** (*si* ♭ majeur, *mi* mineur, *la* ♭ majeur, *la* mineur).

18. — **GRANDE VALSE BRILLANTE** (*mi* ♭ majeur).

19. — **BOLÉRO** (*ut* majeur).

20. — **PREMIER SCHERZO** (*si* mineur).

21. — **SECOND CONCERTO** (*fa* mineur), avec orchestre.

22. — **GRANDE POLONAISE BRILLANTE** (*mi* ♭ majeur) précédée d'un andante spianato avec orchestre.

23. — **BALLADE** (*sol* mineur).

24. — **QUATRE MAZURKAS** (*sol* mineur, *ut* majeur, *la* ♭ majeur, *si* ♭ mineur).

25. — **DOUZE ÉTUDES** (*la* ♭ majeur, *fa* mineur, *fa* majeur, *la* mineur, *mi* mineur, *sol* ♯ mineur, *ut* ♯ mineur, *ré* ♭ majeur, *sol* ♭ majeur, *si* mineur, *la* mineur, *ut* mineur).

26. — **DEUX POLONAISES** (*ut* ♯ mineur, *mi* ♭ mineur).

27. — **DEUX NOCTURNES** (*ut* ♯ mineur, *ré* ♭ majeur).

28. — **VINGT-QUATRE PRÉLUDES** en deux livres.

29. — **IMPROMPTU** (*la* ♭ majeur).

30. — **QUATRE MAZURKAS** (*ut* mineur, *si* mineur, *ré* ♭ majeur, *ut* ♯ mineur).

31. — **DEUXIÈME SCHERZO** (*si* ♭ mineur).

32. — **DEUX NOCTURNES** (*si* majeur, *la* ♭ majeur).

33. — **QUATRE MAZURKAS** (*sol* ♯ mineur, *ré* majeur, *ut* majeur, *si* mineur).

34. — **TROIS VALSES BRILLANTES** (*la* ♭ majeur, *la* mineur, *fa* majeur).

35. — **SONATE** (*si* ♭ mineur), avec une *Marche funèbre*. C'est cette *Marche* qui fut exécutée aux funérailles du maître.

36. — **DEUXIÈME IMPROMPTU** (*fa* ♯ majeur).

37. — **DEUX NOCTURNES** (*sol* mineur, *sol* majeur).

38. — **DEUXIÈME BALLADE** (*fa* majeur).

39. — **TROISIÈME SCHERZO** (*ut* ♯ mineur).

40. — **DEUX POLONAISES** (*la* majeur, *ut* mineur).

41. — **QUATRE MAZURKAS** (*ut* ♯ mineur, *mi* mineur, *si* majeur, *la* ♭ majeur).

42. — **VALSE** (*la* ♭ majeur).

43. — **TARENTELLE** (*la* ♭ majeur).

44. — **POLONAISE** (*fa* ♯ mineur).

45. — **PRÉLUDE** (*ut* ♯ mineur).

46. — **ALLEGRO DE CONCERT** (*la* majeur).

47. — **TROISIÈME BALLADE** (*la* ♭ majeur).

48. — **DEUX NOCTURNES** (*ut* mineur, *fa* ♯ mineur).

49. — **FANTAISIE** (*fa* mineur).

50. — **TROIS MAZURKAS** (*sol* majeur, *la* ♭ majeur, *ut* ♯ mineur).

51. — **ALLEGRO VIVACE**, troisième impromptu (*sol* ♭ mineur).

52. — **QUATRIÈME BALLADE** (*fa* mineur).

53. — **HUITIÈME POLONAISE** (*la* ♭ majeur).

54. — **SCHERZO** n° 4 (*mi* majeur).

55. — **DEUX NOCTURNES** (*fa* mineur, *mi* ♭ majeur).

56. — **TROIS MAZURKAS** (*si* majeur, *ut* majeur, *ut* mineur).

57. — **BERCEUSE** (*ré* ♭ majeur).

58. — **SONATE** (*si* mineur).

59. — **TROIS MAZURKAS** (*la* mineur, *la* majeur, *fa* mineur).

60. — **BARCAROLLE** (*fa* ♯ mineur).

61. — **POLONAISE-FANTAISIE** (*la* ♭ majeur).

62. — **DEUX NOCTURNES** (*si* majeur, *mi* majeur).

63. — **TROIS MAZURKAS** (*si* majeur, *fa* mineur, *ut* ♯ mineur).

64. — **TROIS VALSES** (*ré* ♭ majeur, *ut* ♯ mineur, *la* ♭ majeur).

65. — **SONATE** (*sol* mineur) pour piano et violoncelle.

B) OEUVRES POSTHUMES.

66. — **FANTAISIE-IMPROMPTU** (*ut* ♯ mineur).

67. — **QUATRE MAZURKAS** (*sol* majeur, année 1835; *sol* mineur, 1849 ; *ut* majeur, 1835 ; *la* mineur, 1846).

68. — **QUATRE MAZURKAS** (*ut* majeur, 1830;

la mineur, 1827 ; *fa* majeur, 1830 ; *fa* mineur, 1849).

69. — **DEUX VALSES** (*fa* mineur, 1836 ; *si* mineur, 1829).

70. — **TROIS VALSES** (*sol* ♭ majeur, 1835 ; *fa* mineur, 1843 ; *ré* ♭ majeur, 1830).

71. — **TROIS POLONAISES** (*ré* mineur, 1827 ; *si* ♭ majeur, 1828 ; *fa* mineur, 1829).

72. — **NOCTURNE** (*mi* mineur, 1827). **MARCHE FUNÈBRE** (*ut* mineur, 1829) et **TROIS ÉCOS-SAISES** (*ré* majeur, *sol* majeur, *ré* ♭ majeur, 1830).

73. — **RONDEAU** (*ut* majeur), pour deux pianos, 1828.

74. — **DIX-SEPT CHANTS POLONAIS** de Witwicki, Mickiewicz, Zaleski, Krasinski, etc., pour une voix seule, avec accompagnement de piano.

Chopin n'attachait pas beaucoup d'importance à ses mélodies. Quand il trouvait quelque chose de joli dans les poésies nationales, il les mettait en musique ; c'est ainsi que naquirent ses chants entre les années 1824 et 1844. Beaucoup d'entre eux ont été perdus, parce que, en dépit des prières de ses amis, il différait toujours de les écrire.

On possédait déjà en Allemagne une traduction

libre de ces mélodies, publiée chez Schlesinger, à
Berlin. On vient d'en publier une autre en français, chez M. Hamel; dire que cette traduction est
libre, c'est peut-être se montrer fort indulgent
pour une publication dont on a non-seulement
changé les titres et singulièrement modifié le sens,
l'esprit et la forme, mais encore complétement
remplacé le poëme primitif par un autre d'une
nature absolument différente. N'importe; en n'y
regardant pas de trop près, les Français croiront
chanter de vrais chants polonais, et ils seront satis-
faits. Que faut-il de plus en ce monde?

TROIS NOUVELLES ÉTUDES (*fa* mineur, *la* ♮ majeur, *ré* ♭ majeur), extraites de la *Méthode des
Méthodes.*

GRAND DUO CONCERTANT (*mi* majeur), pour
piano et violoncelle, sur des thèmes de *Robert
le Diable,* par F. Chopin et A. Franchomme.

MAZURKA (*la* mineur).

VARIATIONS (*mi* majeur) sur un air national
allemand.

HEXAMÉRON; la dernière variation (*mi* majeur)
n° 6 est seule de Chopin.

14

MAZURKA (*la* mineur).

POLONAISE (*sol* ♯ mineur).

VALSE (*mi* mineur).

MAZURKA (*fa* ♯ majeur). L'authenticité de cette œuvre est douteuse.

DEUX VALSES MÉLANCOLIQUES (*fa* mineur, *si* mineur).

TABLE DES MATIÈRES

CHAPITRE III

CHAPITRE IV

CHAPITRE V

CHAPITRE VI